民国大小姐

亦真亦幻奇女子，卓尔不群大小姐

蔡践 著

中国长安出版社

图书在版编目（CIP）数据

民国大小姐 / 蔡践著. -- 北京 : 中国长安出版社，2015.11

ISBN 978-7-5107-0790-2

Ⅰ. ①民… Ⅱ. ①蔡… Ⅲ. ①女性－名人－生平事迹－中国－民国 Ⅳ. ①K828.5

中国版本图书馆CIP数据核字（2014）第219738号

民国大小姐

蔡 践 著

出版：中国长安出版社

社址：北京市东城区北池子大街14号（100006）

网址：http://www.ccapress.com

邮箱：capress@163.com

发行：中国长安出版社全国新华书店

电话：（010）85099947　8509948

印刷：三河市祥达印刷包装有限公司

开本：170mm × 240mm　16开

印张：19

字数：260千字

版本：2016年2月第1版　2016年2月第1次印刷

书号：ISBN 978-7-5107-0790-2

定价：36.80元

前　言

说到女人，我们会想到“顾盼生辉，撩人心怀”“灿如春华，皎如秋月”，我们会想到“脉脉眼中波，盈盈花盛处”“袅娜少女羞，岁月无忧愁”，我们还会想到“北方有佳人，绝世而独立”“倾国倾城貌，惊为天下人”……可还有这样一群女人，她们不仅拥有惊人的美貌，还有耀世的才华。

这群女人出生于清末，盛开在民国。民国社会，虽有军阀林立、政局混乱，但也西风东渐、中西交融，具有独特的时代面貌。她们活跃于这繁杂多变的社会里，或欢喜，或悲伤，或喧嚣，或落寞……她们的故事早已化作缕缕清香，融进了时光隧道里，虽光阴穿梭，却从未被忘却，因为她们正是这一时期闪光美丽的风景。

这群女人有个共同的特质：家世显赫，出身富贵，书香门第，贵族千金，且沉静内敛、心若明镜，学贯中西、知书达理，俨然是一群可敬可羡、优雅典丽的大小姐。

大小姐，是一种亲切隽永的昵称，一种娴雅大气的风韵，寄寓着一份可敬可爱的情怀。民国时期涌现出的一批“大小姐”，她们如同盛开的惊艳之花，每一朵都有自己的芳香，自己的色彩，自己的姿态，让人百般艳羡。

她们是穿着旧式旗袍却读着新式文章的绝世佳人；她们是历尽沧桑却不改初衷的女中豪杰；她们有女人花的独特韵味和芳香；她们有纯情少女情感的独白和呐喊……

本书选取民国时期最聪慧、最具丰富内涵的十三名女性，阐述她们丰富多彩的人生经历和传奇，原汁原味地展示民国风情和人生百态。

有人出身名门，却历经沧桑，身世充满着传奇色彩，生活大起大落、大悲大喜，当洗尽铅华，却是悲凉。

有人生就一代风华的绝世佳人，才华横溢，倾倒众生，让男人渴望仰慕，让女人艳羡嫉妒。

有人才高八斗，浅笑嫣然，却我行我素，一生为人诋毁；时而鬓影衣香，时而落寞孤寂，时而超凡脱俗，时而柔情万丈，形形色色的故事令人向往。

有人率真勇敢、无畏倔强，却又多愁善感、纤柔脆弱；不堪忍受没有爱的日子，却总是在无爱的苦楚中挣扎、徘徊。

……

张爱玲、林徽因、陆小曼、萧红、凌叔华、石评梅……一个个家喻户晓的名字，一段段震彻心扉的故事。

十三朵金花，十三段荣耀。

在似远尚近的民国，她们运用自己独有的睿智和才气，给这个还未褪去古典气质的年代，注入了一丝现代的风情，让整个民国时期显得更加神秘。越是如此，越有更多的人想一探究竟。本书就是从时代背景、史料记载入手，艺术再现民国大小姐们的传奇人生、真实故事。

陈年的老酒需慢慢品尝，动人的故事需细细品味。让我们沉下心来，去细细品味，品味那个时代的惆怅与惬意，品味这些女人的瑰丽与芳华……

目 录

陆小曼：才艺如花，半累烟云遗惠在

我们常常为错过一些东西而感到惋惜，但其实，人生的玄妙，常常超出你的预料，无论什么时候，你都要相信，一切都是最好的安排，坚持，努力，勇敢追求，风景变幻，人世无常，顺其自然的力量，神秘，莫测，闪着光，就这样突然地把惊喜带到你的世界中来。

萧　红：我将与蓝天碧水永处

为了要追求生活的力量，为了精神的美丽与

安宁，为了所有的我的可怜的人们，我得张开我的翅膀。

她是有幽默的，最恬静最耐寻味的幽默，一种七弦琴的余韵，一种素兰在黄昏人静时微透的清芬。

黯淡的天幕下，没有明月也无星光这宇宙像数千年的古墓；皑皑白骨上，飞动闪烁着惨绿的磷花。我匍匐哀泣于此残锈的铁栏之旁，愿烘我愤怒的心火，烧毁这黑暗丑恶的地狱之网。

她不着女装，留大背头，或西装革履，礼帽歪戴；或商贾打扮，手持折扇，口叼雪茄，令人莫辨雌雄。有人称她为“混世魔女”。

有忍有仁，大家闺秀犹在。

花开花落，金枝玉叶不败。

高贵的女人自信美丽，她不会翘着兰花指故作妖媚，那是她不屑一顾的，她更不会涂着庸脂俗粉招摇过市，一个眼神就会让你领教她的与众不同。

以“盛七”闻名，她在与宋子文的恩恩怨怨中尽展个性，在中国第一桩女权案中大显风采。这样一个出生在盛世豪门的女子，竟然还拥有着如此大气勇敢的性情，这不得不算是旧上海的一个传奇。

催花风雨弄阴晴，似多情，似无情。廿四番风，换尽最分明。更换鸣禽如过客，先燕燕，后莺莺。浮生同此转飚轮，是微尘，恋红尘。如梦莺花，添个梦中人。霎春痕如梦影，休苦苦，唤真真。

世上的人对于命运有三种态度，其一是安命，其二是怨命，其三是造命。他希望我造命，他也相信我能造命，他也相信我能与恶劣的命运奋斗。

赵一荻：天生丽质的赵四小姐 267

为什么才肯舍己？只有为了爱，才肯舍己。世人为了爱自己的国家和为他们所爱的人，才肯舍去他们的性命！

张爱玲：低到尘埃，开出花朵

在你面前我变得很低很低，低到尘埃里。但我的心里是喜欢的，从尘埃里开出花来。

一朵奇葩的陨落

一个小孩骑了自行车冲过来，卖弄本领，大叫一声，放松了扶手，摇摆着轻倩地掠过。在此一刹那，满街的人都充满了不可理喻的景仰之心，人生最可爱的当儿便在那一撒手罢。

她是中国文学史上的一朵奇葩，她的文字精彩而华美，她的爱情绚丽而悲惨；她是人生道路的一段传奇，她有别人难以企及的出生，她有离群索居的老暮；她风光在上海洋场，她凋零在异国他乡。她是张爱玲，一个不得不说的人。

1995年9月8日，在加州韦斯特伍德市罗彻斯特大道公寓的大门前，房东有些犹豫的再一次伸手，轻轻地叩响了大门。房东知道这位房客性格有些怪癖，很不喜欢别人打搅，看在从不拖欠房租的份上，房东当然得表现出对房客的十分尊重，也很少打扰房客。不过，这一次房东感觉到有些异样，平日里虽不与人打交道，但也时常出门散散步，或者打开窗子透透风，而这几天大门紧闭，未见房客出来过，尤其是连窗子也没打开过，莫非……一丝不祥的预感掠过心头，房客毕竟七十高龄，风烛残年，孤身一人，什么情况都有可能发生。想到这里，房东心里一惊，再一次在大门上重重地拍打几下，又将耳朵贴在门上静静地听了一阵，感觉到确无声息后，疾步从屋里拿出备用钥匙，匆匆地打开门，一幕惊人地景象呈现在眼前：

房中那盏照紫外线的太阳灯还在尽职尽责地闪烁光芒，电视机却无声无响地静静地守护在一旁，房客躺在房里唯一的一张靠墙的行军床上溘然长逝，身下垫着一床蓝灰色的毯子，没有盖任何东西，头朝着房门，脸向外，眼和嘴都闭着，头发很短，手和腿都自然地平放着。她的遗容安详，只是出奇的瘦，她走得十分平静而矜持。

房东立即拨通警局电话，根据法医检验结果：她死于心血管病，大约死于六七天前……

这一天林式同回到家，拿起当天的报纸正要浏览，一阵急促的电话铃声将他惊起，这才得知张爱玲去世的消息，想到不久前还与张爱玲通过电话，此刻已是阴阳相隔，生死殊途，简直难以置信，急急地揣起那份遗嘱，匆匆地扫了一眼遗嘱的内容："一、如我去世，我将所有的财产遗赠给宋淇和宋邝文美夫妇。二、我希望立即火化，不要存放在骨灰存放处，骨灰应撒在任何无人居住的地方，如果撒在陆地上，应撒在荒野处。"

林式同极快地赶了过去，心中还在思索着：张爱玲一直有牙病、眼病、皮肤病，特别爱感冒，身体长期受这些病患折磨，没料到她还有心血管疾病，这才是要命的病。她不爱自己烹煮食物，也不爱上馆子，尽用些罐头、牛奶等方便食品果腹，体质衰弱，免疫力下降，常常几天不吃东西，人都瘦干了。一遇大病，就毫无抵抗能力了。

来到公寓走入房间，张爱玲死前似乎已经知道自己大限将至，清醒地整理了各种重要证件和信件，装进手提包，放在靠门的折叠桌上，就这样以独特地清清白白而又冷冷清清的形式，淡然地告别了走过七十五个岁月的世界。

在为张爱玲清理房间时，林式同考虑到这是一位女士的房间，因而请了一位姓朱的小姐来帮忙。房内的地上摆放着许多纸袋，床前的地上放着电视机，她用成天躺在床上看电视的方式来忘却病痛和饥饿，甚至靠着电视的声音催眠。对门朝北的窗前，堆着一叠纸盒，这就是张爱玲的写字台。她坐在地毯上写作，旧信封、买菜单、收据、报纸上都留有她的字迹。除了她自己的作品和台港寄来的报刊外，没有任何别的书籍。墙上也是空空如也，没有挂置任何装饰。

她的浴室比较凌乱。浴缸变了色，脸盆旁边的药柜里有许多药瓶和洗漱用具。没有毛巾，只有到处扔的纸巾。林式同和朱小姐推测，她可能是连拧毛巾的力气都没有了，才用了这么多纸巾。

贮衣室里挂着张爱玲近几年买衣物的一些纸袋，但没有箱子。她不爱用箱子，嫌搬起来麻烦，每搬一次就扔掉不少东西。她只用胶皮浴用拖鞋，用脏了就丢，还有几大包新的没有用过。厨房里也多得是一用就扔的纸碗纸碟和塑料刀叉，金属餐具大都是新的，没怎么用过。咖啡壶倒是常用，她喜欢喝浓咖啡。

张爱玲还租有一个小仓库，三英尺见方，藏有其英文著作、打字手稿等物，都用手提袋装着。在与仓库老板签约时，她填了自己和林式同两人的名字，林式同才得以进入仓库整理东西，然后遵照遗嘱寄到香港宋淇处。

9月9日，正是中国的传统节日中秋节，酷爱圆月的张爱玲却与明月擦肩而过，永远无法领略月光的清辉，享受月下漫步的闲情逸致。

9月19日，张爱玲的遗体在洛杉矶惠捷尔市玫瑰岗墓园火化，到场的是林式同和几位友人，没有举行任何仪式。

9月30日，是张爱玲75岁生日，按照中国的传统，是她的“七十六岁冥诞”。在这一天，她的骨灰，由林式同和友人张错、高全之、张绍迁、许媛翔等，乘船护送至海上，众人对骨灰盒三鞠躬，主持者念了简短的祭文。

在舟笛长鸣声中，朋友们将她的骨灰撒向太平洋，同时还祭撒了红白玫瑰花瓣，张爱玲之魂，就此永远漂荡在海上，浩瀚博大苍凉……

一朵中国文学史上的奇葩，一位民国世界的临水照花人，一个追寻岁月静好、现世安稳、在20世纪最传奇、最绚烂、最孤寂、最真实的烟火女人，就这么悄然离去了，走得是如此的清淡与孤寂。

荒凉的你走了，正如你荒凉地来，挥一挥枯瘦的臂膀，不带走一丝月辉和云彩……

生得荒凉，死也荒凉，却在世纪末的华人世界引起极大的反响，就在张爱玲离去的十几天内，华人世界的文学领域，再一次刮起了张爱玲旋风，虽然张爱玲浑然不知，但是却使张爱玲这抹艳红更为靓丽。

然而，张爱玲一如她的性格，赤条条地来赤条条地去，虽曾红极一时，却依然是位无头衔、无功名、无房产、无金婚之福的无产者，唯有闪烁的月辉在悄悄地记述她走过的坎坷苦难的人生历程。

隔代里的高贵血统

老年人回忆中的三十年前的月亮是欢愉的，比眼前的月亮大，圆，白；然而，隔着三十年的辛苦路往回看，再好的月色也不免带点凄凉。

遗传基因具有十分神秘的力量，它对于人体的作用十分巨大，正如张爱玲自己所说“遗传就是这样神秘飘忽”。当年轻的张爱玲用手中的生花妙笔，轰动了十里洋场的上海滩时，人们开始用惊诧的目光打量这位高挑而又瘦削的女孩，也许是脸上依然保存了祖父留下的印迹，也许是黯淡的父亲实在是拿不出台面，大家居然不约而同地从张爱玲的身上联想到了其祖父张佩纶，甚至是祖父的泰山大人李鸿章来。

当然，无论是张佩纶还是李鸿章，这两人都是中国近代史上赫赫有名的人物，都是清朝政府红极一时的官员，尤其是他们都是通过读书获得的功名：张佩纶少年就学时，反应敏捷，数千字文章一挥而就。同治九年举人，十年中进士，名列进士榜第二十四位，十三年授编修；光绪元年大考翰詹时，名列二等第三，擢侍讲，充日讲起居注官；因目睹外患日深，“累疏陈经国大政”，慷慨好论天下事，与张之洞、陈宝琛等同为当时的清流主将。

李鸿章更是清末重臣，与曾国藩、左宗棠、张之洞，并称“晚清四大名臣”。他在初次会试落榜后即以“年家子”的身份投帖拜在湖南大儒曾国藩的门下，学习经世之学，次年即考中丁未科二甲第十三名进士。

张佩纶生在杭州长在苏州，风流倜傥，卓尔不群，喜欢穿着一袭竹布长衫，颇具清秀儒雅之气，成为江南才子的典型，还被人们竞相模仿，成为时尚偶像。他靠着手中的一支笔，常常激扬文字，挥斥方遒，抨击时政，指点江山，高谈气节，弹劾奸污，成为当时清朝廷的“清流党”的重要人物。

他犀利的笔法，给他赢得了声誉，也带来了羞辱。

当法国侵略越南、窥视我南部时，张佩纶接连上书，力主援越抗战。理由是中越唇齿相依，且法国最终将深陷中越人民的抗战漩涡中。张佩纶的文采和胆识都得到了认可，于是，李鸿章上奏朝廷命张前往福建管理海防。可是，张佩纶只是一介书生，只会纸上谈兵，胸中并无半点海防经验，唯一依仗的是李鸿章的电报布防，甚至对于福建官吏的建议，也全然不顾。

结果可想而知，马尾海战尚未开战，就已经注定了战败的命运。

法舰突然发动攻击，不到一个小时的时间，停泊在马尾港的中国军舰全被击沉，“所部五营溃，其三营歼焉”。统帅张佩纶匆忙逃走。

命虽然保住了，可张佩纶的大好前程没了。他被撤官罢职，还被发配边寨张家口，好在李鸿章顾念旧情，收他入府做了幕僚。

然而，塞翁失马焉知非福。张佩纶的运气来了。

那是一个阳光明媚的下午，张佩纶有事拜见李鸿章，一跨进李府上房，就觉眼前一亮，只见一位女子立在窗前，宛如画中仙女，清秀淡雅之中透露高贵之气，一身书香之气里溢满睿智灵气，原本目空一切狂傲之极的张佩纶，此刻就感到自己的心不由自主地怦怦乱跳起来，整个大脑里都被这位女子的身影塞得满满的。

而这位美丽的女子，也被一袭长衫风度翩翩的俊俏男子所吸引，一时间脸红似火，一颗芳心早已被眼前的男子俘获。

也许这就是人们常说的一见钟情吧。好在有情人终成眷属，这位女子正是李鸿章的掌上明珠，小女儿李菊耦。虽然当时的张佩纶已经四十有余，而李菊耦只有二十一岁，且是续弦，可因为爱李菊耦还是心甘情愿无怨无悔地嫁了过去，李鸿章尊重小女的选择，不仅答应了他们的婚事，还买了一所宅子作为嫁妆送给了他们。从此两人就在这座宅院里诗酒唱和，百般恩爱，演绎了一段伉俪情深的佳话。

没有多久他们就有了一双儿女，也就是张爱玲的父亲和姑姑。遗憾的是父母的才情没有遗传给儿女，却隔代传给了孙女张爱玲，造就了她的绝世才华。

而祖父张佩纶爱极妻子李菊耦，更是将所有的财产都留给了李菊耦生的儿子也就是张爱玲的父亲张廷重。只可惜张廷重没有继承父亲的才华和气节，却染得一身风流恶习，这才让张爱玲频遭磨难，坎坷一生。

呼之欲出的绝世女子

我是一个古怪的女孩，从小被目为天才，除了发展我的天才外别无生存的目标。然而，当童年的狂想逐渐褪色的时候，我发现我除了天才的梦之外一无所有——所有的只是天才的乖僻缺点。世人原谅瓦格涅的疏狂，可是他们不会原谅我。

1920年9月30日，在上海麦根路（今泰山路）的那幢老洋房里，“哇——”的一声婴儿的啼哭，打破了沉寂已久的暮气，给死气沉沉地楼房带来了一丝生气，一个女孩诞生了，没有电闪雷鸣，没有云彩缭绕，也没有百鸟聚顶，有的只不过是平平淡淡。女孩的相貌十分寻常，哭的声音也不响亮，然而，就是这个平淡的小女孩，竟在二十年后的十里洋场里，腾空跃起，写就了一段文坛传奇。

张爱玲从三岁开始就彰显了她的聪慧。口齿十分伶俐，有一次给二大爷背诗时，一句带有深情的“商女不知亡国恨，隔江犹唱后庭花”，竟让眼前的这位清朝最后一位两江总督，落下了晶莹的泪花。

还在7岁的时候，就开始了她的天才梦。有一天，她津津有味地听佣人们聊天。一个厨娘，绘声绘色地讲到她的家乡有一对姑嫂之间的明争暗斗。她聚精会神地倾听着，脑子里突然涌现出一些片段。故事还没有听完，她就开始动笔写小说了。

小说的故事大概是，有一个小康人家，娶了一个新媳妇叫月娥，家里还有一个小姑子名叫凤娥。哥哥有一天出门去了，凤娥便趁机订下计策来害月娥。写到这里，由于缺乏人生阅历，无法构思出小姑子用什么方法害嫂子，只得搁笔，这篇小说只能夭折。

第二篇是她上小学时，利用闲暇时间写的一本小说。故事大意：女主人公素贞有一位风度翩翩的情人，素贞与情人约会，偶然碰见了表姐芳婷。素贞将男友介绍给了表姐，表姐与素贞的情人一见钟情，后来男友爱上了表姐，素贞投水自杀。这篇小说写在了一本笔记簿上，晚上就寝，同学们就拿过来翻阅。传来传去，笔记本的边缘已经被揉搓地成了千层饼一样，铅笔字更是模糊一片。

有一天她坐在书斋里，看见书桌上摆着一份当时的报纸，心里一动，就仿照着报纸副刊的形式，自己裁纸写作，将发生在这个大家庭的故事做了一份副刊，还配上了一些简单的插图。并且得到了父亲的赞扬。

12岁那年，她就在校年刊《凤藻》上发表小说《不幸的她》。小说将两个姐妹之间十年的辗转生活，犹如放电影一般给读者一一展现出来。姐妹两个十年前都是快乐的。若干年之后，再次相聚，物是人非，我已不是我，她亦不是当年的她，独余凄清的自己，一人离去，于是深深感叹——“只有我不幸！”而这一切都发生在水边。

这个故事柔美得像一幅画，文辞清新淡雅，十分流畅：

她急急地乘船回来，见着了儿时的故乡，天光海色，心里蕴蓄已久的悲愁喜乐，都涌上来。一阵辛酸，溶化在热泪里，流了出来。和雍姊别久了，初见时竟不知是悲是喜。雍姊倒依然是那种镇静柔和的态度，只略憔悴些。

“你真瘦了！”这是雍姊的低语。

她心里突突地跳着，瞧见雍姊的丈夫和女儿的和蔼的招待，总觉怔怔忡忡的难过。

一星期过去，她忽然秘密地走了。留着了个纸条给雍姊写着：“我不忍看了你的快乐，更形成我的凄清！别了！人生聚散，本是常事，无论怎样，我们总有藏着泪珠撒手的一日！”

她坐在船头上望着那蓝天和碧海，呆呆地出神。

波涛中映出她的破碎的身影——啊！清瘦的——她长吁了一声！“一切和十年前一样——人却两样的！雍姊，她是依旧！我呢？怎么改得这样快！——只有我不幸！”

暮色渐浓了，新月微微地升在空中。她只是细细地在脑中寻绎她童年的快乐，她耳边仿佛还缭绕着那从前的歌声呢！

没多久，她又在年刊上发表了第一篇散文《迟暮》，全文里弥漫了悲凉的气氛，谁也很难相信，这是出自一个12岁的少女之手。《迟暮》这样写道：

她，不自觉地已经坠入了暮年人的园地里，当一种暗示发现时，使人如何得难堪！而且，电影似的人生，又怎样能挣扎？尤其是她，十年前痛恨老年人的她！她曾经在海外壮游，在崇山峻岭上长啸，在冻港内滑冰，在厂座里高谈。但现在呢？往事悠悠，当年的豪举都如烟云一般霏霏然地消散，寻不着一点的痕迹，她也以惟有付之一叹，青年的容颜，盛气，都渐渐地消磨去。她怕见旧时的挚友。她改变了容貌，气质，无非添加他们或她们的惊异和窃议罢了。为了躲避，才来到这幽僻的一隅，而花，鸟，风，日，还要逗引她愁烦。她开始诅咒这逼人太甚的春光了……灯光绿黯黯的，更显出夜半的苍凉。在暗室的一隅，发出一声声凄切凝重的磬声，和着轻轻的喃喃的模模糊糊的诵经声，“黄卷青灯，美人迟暮，千古一辙”。她心里千回百转的想接着，一滴冷的泪珠流到嘴唇上，封住了想说话又说不出的颤动着的口。

很快，她又发表了一篇美轮美奂的新文艺模式的文章：《理想中的理想村》，这篇文章充满了小资情调的辞章语句：

银白色的月踽踽地在空洞洞的天上徘徊，她仿佛在垂泪，她恨自己的孤独。……还有那个游泳池，永远像一个慈善的老婆婆，满脸皱纹地笑着。当她看见许多活泼的孩子像小美人似的噗通噗通跳下水的时候，她快乐得爆出极大的银色火花。她发出洪亮的笑声。她虽然老了，她的心是永远年轻的。孩子们爱她，她希望他们不辜负她的期望。他们努力地要成为一个游泳健将。

在小学期间，张爱玲发表许多精彩的文章，但她最为满意的则是《摩登红楼梦》。这部《摩登红楼梦》宛若把上海滩的五光十色搬至红楼人物中，二者合二为一，如鱼得水，相得益彰。

书中主要情节：秦钟与智能儿坐火车私奔杭州，自由恋爱结了婚，但是经济困难，又气又伤心；贾母带了宝玉以及姐妹们来西湖看运动会，吃冰激凌；主席夫人贾元春主持的新生活时装表演；贾府里出来的芳官、藕官加入歌舞团，又被家珍父子及宝玉追求；巧姐被绑；尤二姐请律师控告贾琏诱奸；宝玉闹着要和黛玉出国留学，家里不同意，于是离家出走，终于赢得家里同意，宝黛拌了嘴，最后，只有宝玉一人出国了……”

刚上女中，她又在《凤藻》上，发表了《秋雨》，她这样写道：

雨静悄悄地下着，只有一点细细的淅沥沥的声音。橘红色的房屋，像披着鲜艳袈裟的老僧，垂头合目，受着雨的洗礼。那潮湿的红砖，发出有刺激性的猪血的颜色和墙下绿油油的桂叶成为强烈的对照。灰色的癞蛤蟆，在湿烂发霉的泥地里跳跃着；在秋雨的沉闷的网底，只有它是充满愉快的生气的东西。它背上灰黄斑驳的花纹，跟沉闷的天空遥遥呼应，造成和谐的色调。它噗通噗通地跳着，从草窠里，跳到泥里，溅出深绿的水花。雨，像银灰色黏濡的蛛丝，织成一片轻柔的网，网住了整个秋雨的世界。

她的文字仿佛有一种魔力，能钻入人的心扉，总是让悲伤的影子久久徘徊。

她的一篇作文《看云》，让当时名气颇大的学校国文主任汪宏声先生，牢牢地记住了这个颇有才气的女子。紧接着她投给校刊《国光》的一篇小说《霸王别姬》更引起了深深地震撼。这篇小说依据《项羽本纪》改写，写作技巧的圆润、思想清晰，令全校师生拍案叫绝。汪宏声先生认为，就是与名声大振的郭沫若先生的《楚霸王之死》相比，张爱玲的《霸王别姬》有过之而无不及。

《霸王别姬》写道：

他甩掉她的手，拖着沉重的脚步，歪歪斜斜地走回帐篷里。她跟了进来，看见他佝偻着睡在榻上，双手捧着头。蜡烛只还剩了拇指长的一截。残晓的清光已经透进了帷帐。“给我点酒。”他抬起眼来说。当他捏着满泛了琥珀的流光的酒盏在手里的时候，他把手撑在膝盖上，微笑着看着她。

“虞姬，我们完了，看情形，我们是注定了要做被包围的囚兽了，可是我们，不要做被猎的，我们要做猎人。明天——啊！不，今天——今天是我最后一次的行猎了。我要冲出一条血路，从汉军的军盔上面踏过去！”

“虞姬，披上你的波斯软甲，你得跟随我，直到最后一分钟。我们都要死在马背上。”

虞姬微笑。她很迅速地把小刀抽出了鞘，只一刺，就深深地刺进了她的胸膛。

张爱玲还写了一篇描写农村生活的小说《牛》：“禄兴衔着旱烟管，叉着腰站在门口。雨才停，屋顶上的湿茅草亮晶晶的在滴水。地面高高低低的黄泥潭子，汪着绿水。水心疏疏几根狗尾草，随着水涡，轻轻摇着浅栗色的穗子。迎面吹来的风，仍然是冰凉地从鼻尖擦过，不过似乎比冬天多了一点青草香。”

透过几篇文章，汪宏声先生感到，一个文学天才呼之欲出。汪宏声先生对张爱玲寄予厚望，他对张爱玲说：“应该好自为之，将来的前途，是未可限量的。”

尽管校园里对她表现出的文学才华赞不绝口，但作为拥有伟大目标的张爱玲，却是远远不够。她渴望在更大舞台展现自己。遭受父亲毒打，逃出家后，她用英文将自己的逃跑经历写了出来。并投到了《大美晚报》被刊登，从而成为张爱玲第一篇正式发表的文章。

温暖，在淡雅的心间抚慰

有人说平行线最可怕，但我认为最可怕的是相交线——明明他们有过交集，却总会在以后某个时刻相互远离，而且越走越远。

张爱玲非常有幸，能够传承祖父、祖母绝佳的才华；张爱玲也非常不幸，虽然出生于豪门之家，却非但没有享受豪门带给她的富贵，却备尝了豪门恶习留给她的磨难。

靠着殷实的家产，张廷重用不着付出半点心血，就十分轻易地拥有了一切：汽车、洋房、众多的佣人仆从，成日浸泡在锦衣华食里，春风得意自得其乐。尤其是又娶到了一位门当户对美丽聪慧的妻子，使这种悠闲逸致的生活，增添了无尽的幸福，美满得仿佛就要溢流出来。婚后只有两年，又添了一双儿女，和谐的家庭里可谓是锦上添花了。

只可惜祸兮福所倚，福兮祸所伏。轻松得来的富足，不仅养成了衣来伸手，饭来张口不劳而获的大少爷品性，同时也沾染了一切阔少的恶习：流连于青楼酒肆、纵横于赌场酒馆、风月场里显身手，醉生梦死图享受。原有的幸福家庭，早就在无法抑制地追求生活刺激中消失，心中残留的对家庭的责任感也已消亡殆尽，围绕日子的主旋律只有花天酒地抽大烟的纵情欢乐，心中再无家中妻子儿女的地位，甚至还偷偷摸摸在外面养了一房姨太太。

张廷重的斑斑劣迹，极大地伤害了深情的妻子，由最初的出走海外到最后的签字离婚，终于用自己的手将一个原本美满的家庭打破，缔造了几颗破碎的心。

家庭的破裂受伤最重的乃是孩子，生长在这样一个家庭中的张爱玲，还在幼小的时候，就感受到对于缺乏温暖家庭的无奈。

平心而论对于父亲，张爱玲曾经是有着深深地依恋之情的，在童年的记忆中，感受最多的还是对于父亲的依赖，那个时候父亲也曾为这个天才女孩感到骄傲。虽然早已是时过境迁，物是人非，可那一幕幕镜头始终在她的脑海里盘旋，挥之不去：

她清楚地记得，父亲常常带着自己来到那家飞达咖啡馆买小蛋卷，面对众多的品种，父亲时常授权由自己去挑选，只不过最终父亲还是买的他自己喜欢的香肠卷。张爱玲喜滋滋地吃着香肠卷，还出其不意的地从父亲的手中抢走一根，使得父女俩哈哈大笑起来，那种其乐融融的感觉很是让人怀念，乃至她成人后到了国外有一次在多伦多柜窗看到一只酥皮塞肉的小筒，立即勾起了对香肠卷的怀旧，当即买了四只，可惜吃起来全不是那么一回事。

张爱玲的父亲张志沂（左二），母亲黄素琼（右二），
姑姑张茂渊（右一）等在天津英租界住处的花园里

留在记忆深处的还有父亲的书斋，每每在周末午后，张爱玲总喜欢趴在书房的木板上看书，就是在那里她读了《红楼梦》、《海上花列传》、《醒世姻缘》、《水浒传》、《三国演义》、《老残游记》、《儒林外史》、《官场现形记》，还有鸳鸯蝴蝶派的小说等，一本一本地从父亲的书架上拖下来看。对于如何拖书看，张爱玲曾经有过生动的描述："抽书是她的拿手，她父亲买的小说有点黄色，虽然没明说，不大愿意她看，她总是趁他在烟铺上盹着了的时候蹑手蹑脚进去，把书桌上那一大叠悄悄抽一本出来，看完了再

去换。”直到看得头昏脑涨，太阳西沉。

对于《红楼梦》的研究，父亲还是他的启蒙老师。当时只有十四岁的张爱玲，就有天生慧眼，一眼就能看出前八十回的精彩，并感觉到后面的章回不似原味。当她将这种感觉告知父亲时，父亲十分赞同，两人交换起对于《红楼梦》的观点与看法，居然有许多共鸣之处。

读《红楼梦》期间，张爱玲学做诗词，一口气写了三首七绝。其中一首《咏夏雨》，有两句曾经得到过先生的赞赏。张爱玲拿回家给父亲看后，父亲也觉得很妙。在父亲的鼓励下，张爱玲对于文学更加痴迷。后来，张爱玲利用闲暇时间，写了一部《摩登红楼梦》。这是一部典型的鸳鸯蝴蝶派小说，是张爱玲读过《红楼梦》、《秋海棠》、《啼笑因缘》等通俗小说后有感而发所作。她满满写了上下两册，完成后拿给父亲看。父亲大喜过望，心血来潮，替张爱玲拟了回目。张爱玲父女曾是如此的融洽。

只是当继母走进这个大院，成为新的女主人后，张爱玲从父亲身上感受的温暖，就已经到了头。虽然继母孙用蕃无论从外貌还是内秀，都远远不如前妻，但是这位36岁才嫁人的继母却与父亲有着同榻之好，都是阿芙膏的瘾君子，也许正是这方面的志同道合，让父亲对这位后妻言听计从了。

有一次张爱玲舅舅和母亲从芜湖来到上海，母亲思念女儿，自然要接女儿在身边住几天。张爱玲临走时只和父亲打了声招呼，并没有告诉继母。岂知就因为这一小小的疏忽，让她遭遇了灭顶之灾。

一见张爱玲回来，孙用蕃劈头质问：为什么在外过夜，扬手就打了她一个嘴巴子。她本能的用手挡一下，孙用蕃立即一路尖叫着“她打我！她打我！”奔上楼去，抢先告状。父亲冲下楼来，不问青红皂白，对着她就是拳打脚踢，将她打在地上爬不起来。尔后，还将她监禁在楼下的一间空房里，还扬言要用手枪打死她。就是这一场不问是非曲直的毒打，父亲曾经给她带来美好时光的记忆，全部都变得苦涩了。家的温暖，也不复存在了。正因为如此，张爱玲才千方百计冲破了家的囚笼，走了出去，而且再也没有见过父亲。

相对父亲曾经有过的美好，对于母亲的感情相对就要淡薄多了。毕竟与母亲的交往，总是聚少离多，而且在张爱玲四岁，正需要母亲用心呵护的时候，母亲却远渡重洋，离他而去，而且一去就是四年之久。在她童年的记忆里，母亲留给她的，几乎是大量的空白。

再次见到母亲，已经是四年之后。虽然母亲充满西洋美女的气息，以那种独特的娴静与高雅让她感到眼前一亮，耳目一新，但在新颖的感觉中，仍溢满了浓浓的陌生感。母亲似乎也察觉到女儿的异样，为了弥补缺失的母爱，也在尽力地进行补偿。

首先是让女儿走出深沉的大院，从陈旧的老八股似的私塾中解救出来，让她接受了新式教育。为了送她去学校读书，母亲可谓是煞费苦心，在向丈夫多次提出，未能奏效的情况下，母亲只得偷偷地从后门将女儿带出报名。在填写入学证时，母亲觉得当初起的瑛字不太响亮，想改一个好一点的名字，一时找不到合适的字眼，沉思之间想起了宙斯的女儿海伦，觉得这个名字不错，而海伦的英文读法就是爱玲，于是就提笔写上了张爱玲。

母亲接下来就是着力将女儿打造成一位新时代的淑女。一是教女儿画画。张爱玲画画是有天赋的，中学，她曾经画了一幅漫画，投到了《大美晚报》，后来居然发表了。因此还获得了人生第一次稿费。她还曾经幻想过，等她长大了，要画卡通片。要把中国风揉进卡通片，让世界人去领略中国的古韵。只是，她看了一场描写穷苦画家的电影后，才毅然放弃了画画。为了这样的理由放弃理想，张爱玲真是一个不可思议的女孩。

二是教女儿学英文。希望她能够走出这个病怏怏的大家庭，到世界各处去看一看。张爱玲学习英语，一直很努力，所以她的英语很棒。任何英文书，她都可以拿起来读。这让早早留学英国的姑姑都有些惊叹。

三是练习钢琴。母亲教导她学习钢琴，但张爱玲不喜欢音乐。她在后来的散文《谈音乐》中提到："音乐离开了音乐本身而到处流泻的东西，流到哪里，谁也说不定，刚刚觉着它在，片刻它便去了，留下的只是寻寻觅觅、冷冷清清的惆怅。"母爱还隐隐看出了女儿的文学天赋，她不管张爱玲听与不听，她总是把手里报刊大声朗读出来。张爱玲总是随着母亲的笑而笑，随着母亲悲伤而哭泣。

同时，还经常向女儿介绍外国文学，使张爱玲从母亲那里，充分汲取了西方文化的营养。为她后来的作品实现中西合璧，打下了良好的基础。

那个时候的张爱玲，还是感受到家庭的温暖的，只不过好景不长，随着父亲的故态复萌，恶习难解，父母之间的关系进一步恶化，有争吵到打闹，最终还是走向了破裂，一纸离婚书，结束了婚姻，也破碎了一个完整的家庭。

的确，母亲对女儿的爱，是毋庸置疑的。尤其是后来张爱玲冲出大院，投奔母亲，母亲尽管经济窘迫，也毫不犹豫的接纳了她。不过，母亲对她的关怀，却是十分有限的，导致后来的张爱玲文学天赋极高，生活自理一塌糊涂，性格孤僻，不通人情世故，乃至孤独一生的后果，缺乏母亲的教导，缺失家庭的温暖，应该是主要原因之一。

上帝总是公平的，当它为别人关上一扇门的同时，也会毫不吝啬的打开一扇窗户，生活给了张爱玲太多的磨难，然而，也同时赋予了超人的才华，乃至在她还是学生时，就以手中的生花妙笔赢得了赞誉。

天才少女的异样才情

有一天我们的文明，不论是升华还是浮华，都要成为过去。然而现在还是清如水明如镜的秋天，我应当是快乐的。

中学毕业，张爱玲如愿以偿地考上了牛津大学，可是却因为欧战爆发，只能持牛津大学成绩单转入香港大学文科。坐在开往香港的轮船上，她的心里有着几许忐忑、几许迷离、几许对于新生活的期待与渴望。

就在轮船上她认识了一位同样是到港大读书的混血儿女孩，她叫炎樱，这个中文名字也是张爱玲起的。两个年龄相仿的女孩兼同学很快就交往得十分融洽，最终成了私交最好，也是交情最久——长达56年的好朋友。

到了港大，张爱玲为了学习英文，几乎放弃了中文写作，她的一篇《我的天才梦》，在参加《西风》杂志三周年纪念的征文中如愿获奖。

这篇自由散文，充分展示了天才少女的异样才情，成为她在文学上脱颖而出的标志：

我是一个古怪的女孩，从小被视为天才，除了发展我的天才外别无生存的目标。然而，当童年的狂想逐渐褪色的时候，我发现我除了天才的梦之外一无所有……总而言之，在现实的社会里，我等于一个废物。……生活的艺术，有一部分我不是不能领略。我懂得怎么看《七月巧云》，听苏格兰兵吹bagpipe（苏格兰风笛），享受微风中的藤椅，吃盐水花生，欣赏雨夜的霓虹灯，从双层公共汽车上伸出手摘树巅的绿叶。在没有人与人交接的场合，我充满了生命的欢悦。可是我一天不能克服这种咬啮性的小烦恼，生命是一袭华美的袍，爬满了蚤子。

在港大因为蔓延的战火，无法开课。三年的苦读，最终化作东流的一场春水，了无痕迹。她只能回到上海，进入圣约翰大学读书，却闹了一场转学考试中文不及格的笑话。好在开学不久，她的国文就从初级跳入了高级班，回归了她的绝代锋芒。只不过好景不长，当年簪缨世族的后人，却因为交不起学费，不得不辍学。

寄居在姑姑家的张爱玲，很想尽快赚钱，独立起来。经过仔细地思考，她决定替报馆写稿，依靠稿费来养活自己。于是，她开始了职业作家生涯。

一开始她写得最多的是影评和剧评，其中《婆媳之间》、《鸦片战争》、《秋歌》、《乌云盖月》、《万紫千红》等都是她的手笔。其评论的犀利与文辞华丽，使她宛如初升的太阳，在文坛上冉冉升起。

早在1941年，她的一篇名为《Chinese Life and Fashions》（中国的生活和服饰）的文章，刊登在《二十世纪》上，文章中还附了她画的发型、服装的插图。全文把中国人的服饰变革写得非常细腻清楚，而那些插图集动感和美感与一体，与文章相得益彰，让人感到耳目一新。一些杂志社纷纷向她约稿。她又写了《洋人看京剧及其他》、《中国人的宗教》。

就在写影评的那一年，张爱玲完成了两篇小说《沉香屑——第一炉香》、《沉香屑——第二炉香》。在黄岳渊先生的引荐下，在1943年春寒料峭的一个下午，张爱玲携着“两炉香”拜见周瘦鹃

后，很快就告辞。

周瘦鹃躺在椅子上，漫不经心地翻开书稿，一见题目，感觉到十分别致，有些味道。读到第一句："请您寻出家传的霉绿斑斓的铜香炉，点上一炉沉香屑，听我说一支战前香港的故事。您这一炉沉香屑点完了，我的故事也该完了。"他不由自主地抬头望了望案头的香炉，似乎看到一股淡紫色的青烟从香炉中缭绕升腾，仿佛整个书房里弥漫着麝香的味道。

再往下读，他突然坐直了身体，拍案惊叹，赞不绝口。很快《沉香屑·第一炉香》在《紫罗兰》复刊后的第一个月发表，第二个月又发表了《沉香屑·第二炉香》。两炉香的问世，震撼了上海滩的芸芸众生，也让上海文坛燃起了一缕奇香。

紧接着张爱玲获得了一个收割的季节：7月，《茉莉香片》发表在《杂志》月刊上；8月《心经》叩开了《万象》的大门；9月发表小说《倾城之恋》（上）；10月发表小说《倾城之恋》（下）……

总之，在当时所有有名的刊物上，都在争先恐后的发表她的作品。尤其由《杂志》社出版的小说集《传奇》，宛如在平静的湖面上投下一颗巨石，荡起了掀天巨浪，一面世就被抢购一空，仅仅四天《杂志》社就不得不再版。

《传奇》所描写的大多是上海中上层阶级和抗战时期香港人的生活情形，作者以一种十分冷静的态度，仿佛不动声色地讲述着一个个遥远而动人的传奇。她以犀利地笔锋，深刻地揭示了女性的“原罪意识”，为中国女性掀开了女性心理充满疮痍的一面，活画出一群生活在黑夜中的女奴形象。

《传奇》的前言说：“书名叫《传奇》，目的是在传奇里面寻找普通人，在普通人里寻找传奇。”张爱玲笔下的普通女性，有知识的如《倾城之恋》中的流苏，无知识的如《金锁记》中的曹七巧，为经济的如《留情》中的于敦凤……这老老少少的女性全被一只巨手扼制着，这只巨手就是经济。为了钱，这些女人出卖了灵魂。

张爱玲出生于显贵家庭，亲眼目睹了显赫家庭的瓦解破败，小说中的人物，大多是病态的，其实这些并非虚构与捏造，这些人都实实在在的就生活在她的周围。其实，张爱玲只不过是借助小说中的人物，倾诉心中的悲凉。

张子静在《我的姐姐张爱玲》中说道：

《传奇》的各篇人物和故事大多“各有其本”……《金锁记》的故事、人物，脱胎于李鸿章次子李经述的家中。其中“大爷”真名叫李国杰，1939年遭国党军统特务暗杀。曾虚白原来是《孽海花》作者曾孟朴的儿子。姐姐和我喊“曹七巧”三妈妈……

《金锁记》发表后，李鸿章的后代没什么反应……也许李府那些人也不太看书，根本不知道我姐姐发表了那篇小说，把他们丑陋的一面写进了历史，世世代代还要接受批判。

不过《花雕》发表后的命运，就不若《金锁记》平静。看了《花雕》舅舅很不高兴。我的表姐黄家瑞回忆说，她爸爸读完《花雕》大发脾气，对我舅妈说："她问我什么，我都告诉她，现在她反倒在文章里骂我来了！"

《花雕》的女主角"郑川娥"，是舅舅的三女儿黄家……

第二年，张爱玲的散文集《流言》出版。对这本书，她倾注了极大的热情。不仅自绘漫画，而且还附上了她的玉照，照片上题上："有一天我们的文明，不论是升华还是浮华，都要成为过去。"

总之，在1943年至1944年，张爱玲的小说和散文宛如飞龙腾空，在上海纵横跳跃，二十三四岁的张爱玲，就十分强势地登上了上海文坛的金字塔尖。

爱情就像一杯白开水

女人一旦爱上一个男人，如赐予女人的一杯毒酒，心甘情愿的以一种最美的姿势一饮而尽，一切的心都交了出去，生死度外！

也许命运之神也是嫉贤妒才之辈，也许是老天爷看不得才女的大圆满，因此总要给她设置更多的磨难。当张爱玲在文坛上左右逢源名利双收之际，她人生至关重要的一环——婚姻，却陷入了难以自拔的魔咒。

张爱玲原本性格孤僻，不大愿意见人，尤其是陌生人，然而，却出现了一个特例，这个特例发生在一个男人身上，这个男人就叫胡兰成。

对于张爱玲，胡兰成并不熟悉，得知这个名字，还是缘由一篇名为《封锁》的小说。

这一天正是旧历的除夕，是一个充满阳光的日子，刚被释放的胡兰成躺在藤椅上，享受着阳光的沐浴，悠哉游哉地翻开苏青寄来的《天地》创刊杂志，读着那篇名为《封锁》的小说时，不由得坐直了身子，细细地看了一遍又一遍，突然涌出了要见作者的冲动，翻到文章的开头，张爱玲三个字牢牢地印在了脑中。忙给苏青写了封信，询问张爱玲是何人，对方回信只说是女子。及至第二期《天地》寄到，又有张爱玲的一篇文章，还有她的照片。胡兰成再也抑制不住，当即乘火车直赴上海，找到苏青又问及张爱玲，苏青说张爱玲不见人的。问她要张爱玲的地址，她迟疑了一下才写给了胡兰成，是静安寺路赫德路口一九二号公寓六楼六五室。

第二天，胡兰成就急匆匆地叩响了张爱玲的门，却被拒绝在外，不得其门而入。可他并不甘心，当即写了一张纸条，说明自己拜访的原因和家庭地址及电话，并希望能在方便的时候见上一面。

纸条递到了张爱玲手里，让她十分震撼，她知道这个胡兰成可是政要大员，虽然名声不好，被人们斥为大汉奸，不过她对政治不感兴趣，只觉得这个胡兰成乃是《中华日报》的总主笔，政务在身，公务繁忙，让他屈尊前来理应回访。

第二天张爱玲拨通了胡兰成的电话，提出前去看他。两人终于得以见面，张爱玲也就情不自禁地陷入了这场不可能有结果的魔障般地姻缘……

张爱玲很不喜欢与人交往，更很少和男人说话，可是与胡兰成却是相谈甚欢，一谈就是五个小时。

胡兰成本就是情场里手，原本就见识广博，谈吐幽默，加之颇通晓女人心思，因此字字句句都是投其所好，很快就打动了对方的心。

张爱玲虽然在文学上是个天才，可因为自小缺乏母亲教导，对于生活可说是一片空白，毫无所知，在她熟悉的男人，一个是只会抽大烟读古文的父亲，一个是胆小懦弱没有出息的弟弟，而今天的胡兰成却给她带来一种从未有过的新奇感，胡兰成天生就是一个演讲家，讲话不仅风趣，还极富煽动力，很快她就被对方滔滔不绝讲述的经历和故事深深打动，牢牢地吸引。

送走张爱玲的路上，胡兰成在她的耳朵里轻轻说道："明天我来看你。"从不肯见客的张爱玲，没有着恼没有拒绝，当然是默认了明天的见面。这一年张爱玲24岁，胡兰成38岁。虽然年龄相差14

岁，可张爱玲还是爱上了他。

张爱玲的小说里，对于爱情的童话，编织了许多浪漫的情话，构思许多动人的情节，可是用在她自己的身上却是平平淡淡，宛如一杯白开水，毫无动人之处，然而却是爱得惊天动地。

张爱玲对胡兰成的爱，是纯洁的、是真挚的、是毫无保留的全心奉献，只可惜得到的回报却是对方的逢场作戏，三心二意。

不可否认，胡兰成的确很爱张爱玲，但是他对女人的爱，一直都是朝三暮四，尽管他们曾经走入了婚姻的殿堂，可是一纸婚书又如何拴得住胡大公子的意马心猿呢。比起对别人爱，他真正最爱的还是自己，他是一个享乐主义者，只会追求自己的享受，从来就没有替别人想过。就在他在上海和张爱玲爱得死去活来的时候，一回到武汉，又给一位叫周训德的女子编织了情网，轻易地获取了这位只有19岁护士的心。于是，便在上海、武汉来回穿梭，自由自在地享受着齐人之福。

胡兰成从未给予张爱玲的真诚之爱，却给身边的女人带来了城池之殃，日本鬼子投降，胡兰成作为文化大汉奸，自然被通缉，那位叫周训德的女人被关进了监狱，张爱玲也因此受到了牵连。然而，即便是在亡命天涯，胡兰成也不肯收敛他的好色本性，居然在逃亡途中又勾上了一个女子。

当张爱玲风尘仆仆千里寻夫，找到胡兰成时，没有见到相逢的激动与惊喜，反倒是粗声地呵斥："你来做什么，还不快回去。"

尤其是见到胡兰成新的女人范美成时，她对胡兰成彻底失望，原本执着的爱之玫瑰，也只有凋谢枯萎。爱已尽，缘已断，相守三年的姻缘，终于彻底破碎。张爱玲终于给胡兰成寄去了一封决绝信，随信还寄去了30万元，这是张爱玲进军影视圈，一炮走红所挣来的稿费，钱花光，买来的只是对胡兰成的彻底摆脱。

一场本就没有结果的倾城之恋，终于在无声无息中，落下了帷幕。

虽说是曲终人散，但胡兰成的影响依然祸及张爱玲，为了摆脱麻烦，张爱玲只能以去香港大学复读为理由，再一次踏上去香港的旅程，而且一去再也不复还。

在香港，张爱玲得到了宋淇夫妇的关照，也结下了终身友好之缘。只不过香港的生活并不尽人意，通过理查·麦加锡作保，获准前往美国定居。

来到美国后，张爱玲也曾拼命地写作，也许是中西方的文化差异，她的作品在上海滩能够一炮打响，可在异国他乡的美国却是寸步难行，很难打开销路。原以为她的英文小说《秧歌》会带来一些版税收入，能够维持一段时期的生计，哪知道《秧歌》一版售完后，没有再版，失去了固定收入，经济陷入了危机。没有资金的支撑，吃住都成了问题，无可奈何之下，张爱玲只能向基金会求助，向麦克道威尔文艺营提交了居住申请，获得批准后，她急急地从纽约来到麦克道威尔文艺营安顿下来。

就是在这里，张爱玲遇到了生命中的第二个男人——赖雅。这位赖雅是德国移民的后裔，也是一个早熟的天才。他17岁就读宾州大学文学专业，后入哈佛大学攻读硕士学位，毕业后在麻省理工学院任教。早在学生时代，赖雅创作的剧本就已经被拍成电影，且受到广泛好评。后来他辞去教职成为一名自由撰稿人。赖雅知识渊博，口才出众。许多美国著名作家都曾是他的好友。第一位获得诺贝尔文学奖的美国作家辛克莱·刘易斯就是他的老朋友。

旅居美国时期，张爱玲和丈夫赖雅在一起

赖雅曾经有过一段婚姻，还有一个女儿，因他天生是一个流浪者，不愿受家庭的束缚。加上性格差异，结束了只有7年的婚姻。

1931年，赖雅来到好莱坞写剧本。与赖雅合作的制片人和导演无不赞扬他的才华，赖雅的名字也曾经在很多优秀的电影中出现过，然而，他终究是被高薪和安逸的生活所埋没。赖雅注定与著名无关，与“大家”无关。

1943年，赖雅摔断了腿，不久又轻度中风。10年后，他又一次中风住院。在相当长的一段时间里，他写的大多数作品没有出版。也是为生活所迫，他也申请进了麦克道威尔文艺营，这才有幸与张爱玲邂逅。

两人一见如故，很快就成了无话不谈的朋友。张爱玲将自己作品给赖雅看，赖雅读后觉得文笔优美。赖雅则讲述了生活中经历的奇闻趣事。两人越谈越投机，开始了单独交往。也许是身在异国，亟需一个生活中依靠，也许同是天涯沦落人，两人相同的经历，更拉近了相互间的距离，两个相交没有多久，就成为彼此难分的伴侣，张爱玲决定嫁给了这位大她29岁的男人。爱是心灵的呼唤，是精神的寄托，是彼此之间的心心相印，也是内心一种真挚的感觉，年龄不是问题，有无金钱也不会成为障碍，种族、国籍都可以丢在一边，唯一依赖的就是心中那份无怨无悔的爱。

有情人终成眷属，虽然早已走过青涩的岁月，失却初恋的激情，没有花前月下的浪漫，没有郎情妾意的甜蜜，没有地老天荒的誓言，但是却有着执子之手，与子偕老的刚毅，有着相濡以沫相敬如宾的深爱。

张爱玲与赖雅迎来了第二春，拥有了第二次婚姻，也带来了彼此依靠，精神寄托。爱是美丽的，情是伟大的，爱情可以给人注入生机、注入活力、注入青春、注入希望，迸发出五光十色的彩虹，可是却无法给他们带来足以维持温饱的金钱。她的作品似乎是不合水土，在这片异国的土地上，始终无法找到生长的环境，更遑论长枝生叶开发结果了。作品得不到欢迎打不开销路，带来残酷现实的是，始终无法生活的窘迫，偌大一片土地上没有他们的立足之地，他们只能来回奔波在一个一个文艺营中，作为栖身之处。

而赖雅一次又一次的中风，无异于雪上加霜，连医药费也成问题。为了摆脱困境，张爱玲只能离开美国，考察了台湾，又应宋琪的要求到香港写剧本，只可惜剧本写作很不顺利，得知赖雅再次重病，只能匆匆赶回。

再一次回到赖雅身边，他的身体已经每况愈下，一次又一次手术，对于赖雅而言，犹如油尽残灯，在一阵疾风的吹拂下，终于彻底的熄灭，维系了十一年的第二次婚姻，又一次走到了尽头。

仿佛是中了魔咒，张爱玲的婚姻总是不可能美满。第一次是因为背叛，短短的三年就迅速地夭折，第二次却是因为死神，十分蛮横的从她手中夺走了他的生命。背叛，让她漠然，死亡却让她无奈，唯一聊以自慰的是赖雅离去的弥留之际，口中还在喃喃自语地念叨着“爱玲、爱玲”，表达出万分的不舍。

“我生命里的温暖就那么多，我全部给了你，但是你离开了我，你叫我以后怎么再对别人笑。”赖雅去了，爱已逝，心已死。张爱玲的精神，宛如是被放了气的气球，一下子干瘪了，只剩下了一具空洞的躯体。

也许是因为彻底摆脱了婚姻魔咒的束缚，张爱玲的作品在台湾突然火热起来，稿费也开始源源不断地汇入了她的户头，有了经济的支撑，她再也不需要依托文艺营，而能够自己租房居住，只不过没有赖雅的日子，只感到孑然一身，生活变得枯燥无味，再也找不到乐处。原本就孤僻的她，显得更为的排斥外人，不喜欢与别人打交道，每每在一个地方住熟了，感觉到有人认出了自己的面孔，就立马搬家，始终离群索居，在孤独中走完了凄艳的人生……

张爱玲档案

张爱玲，中国现代作家，原籍河北省唐山市，原名张煐。1920年9月30日出生在上海公共租界西区一幢没落贵族府邸。作品主要有小说、散文、电影剧本以及文学论著，她的书信也被人们作为著作的一部分加以研究。1944年张爱玲结识胡兰成与之交往。1973年，张爱玲定居洛杉矶，1995年9月8日，适逢中秋节，张爱玲的房东发现她逝世于加州韦斯特伍德市罗彻斯特大道的公寓，因动脉硬化心血管病而去世，终年75岁，被发现的时候她已经过世一个星期。9月30日，生前好友为她举行了追悼会，追悼会后，骨灰被撒入太平洋。

林徽因：捧兰心蕙质，驻书香悠长

你又学叶叶的书篇随风吹展，揭示你的每一个深思；每一角心境，你的眼睛望着我，不断的在说话：我却仍然没有回答，一片的沉静永远守住我的魂灵。

林家有女初长成

断续的曲子，最美或最温柔的夜，带着一天的星。

记忆的梗上，谁不有两三朵娉婷，披着情绪的花无名的展开野荷的香馥，每一瓣静处的月明。

当今被无数女性认为最有气质、最具魅力的女神——林徽因，她，貌美如花，风华绝代；她，情趣高雅，女中才隽；她，纯洁美丽，令人动容。

1955年4月1日，51岁的林徽因病逝于北京同仁医院。这位中国第一代女性建筑学家，被胡适誉为中国一代才女；这位中华人民共和国国徽设计的参与者；这位人民英雄纪念碑的设计者之一；这位传统景泰蓝工艺的拯救者；这位在诗歌、小说、散文、戏剧、绘画、翻译等方面成就斐然，拥有倾城才貌的风华绝代女子，走尽了人生的旅程，安静地合上了双眼，脸上还挂着些许笑容。

让人感到比较惊奇的是，历史居然如此的巧合，当年的林徽因以一首《你是人间四月天》，最为大众熟知，被广为传诵，并奠定了她的诗人地位，而当她离开这个人世的时候，恰也正是四月天的日子，也许只有春风吹拂的凌晨，才让她走得如此从容和安详吧。

金岳霖为林徽因送去了挽联："一身诗意千寻瀑，万古人间四月天。"

2007年，一代才女林徽因纪念碑落户杭州花港观鱼公园。在这块新颖别致的纪念碑上，人物像和记述文字全部镂空。纪念碑由杭州市政府和清华大学建筑学院共同建造。林徽因的墓碑上写的，也是"建筑师林徽因之墓"。尽管林徽因这一生与诗文牵系着不解之缘，但她更大的造诣和荣耀则是在建筑行业。

离开人世52年的林徽因，终于又回归故里，回到了古城杭州。那块耸立的纪念碑，闻到了浓郁的乡土气息，那种久违的记忆，在春风吹拂之下，宛如盛开的白莲花，荡漾起阵阵飘香，让人穿越时空，将尘封的记忆激活——

1904年6月10日，正是莲花绽放的季节，在浙江杭州陆官巷一座古朴灵性的深深庭院里，传来一声清脆的啼哭声，一个粉雕玉琢的女婴来到了这个世界上。小女孩的到来，宛如一股清泉，给沉闷、古板而又枯燥的林家注入了生机与活力。

女婴长得十分的美，尤其是拥有了祖父的眼睛和祖母的脸蛋，将祖父祖母的美貌集于一身，这种隔代遗传的因子更赢得了祖父母的喜爱。

祖母游氏是一位高贵典雅而又雍容美丽的女子，祖父林孝恂进士出身，历官浙江金华、孝丰等地。祖父母对女婴十分喜爱，因此煞费苦心的为女婴取名。祖父从诗经《大雅·思齐》里采了“大姒嗣徽音，则百斯男”的句意，给女婴取名为徽音。徽是美，音是声誉的意思，徽音就是美誉、美德的意思。人如其名，名如其人，林徽音果然不负祖父母所望，长大后真的成为倾国倾城的一代风华绝代的才女。只不过后来因为林徽音这个名字与一位当红男作家完全一致，为了以示区别，这才改为林徽因。

幼年的小徽因和一群表姐妹都住在祖父的大院里，而担负她们启蒙教育的是她的大姑妈。大姑妈为人忠厚和蔼，知识面极广，对孩子们的教育十分严格。在一起读书的姐妹们中，徽音的年龄最小，玩心也最大，上课的时候似乎从没有认真听过课，可是背起书来却是十分的清晰流畅，总是名列前茅。

那个时候的小徽因，就展示了她的与众不同，仿佛浑身都透露出一股超越常人的灵气与聪慧。在书香世家的熏陶之下，不仅知书达理，而且在清秀中蕴含着内涵。她在祖父家中，度过了十分惬意的幼年，3岁启蒙读书，6岁就开始代笔为祖父给父亲写家信，稚嫩的字迹里，充满了沧桑的口吻，倒也将小大人的角色演绎得惟妙惟肖。在她8岁那年，父亲举家迁到了上海，她也来到了父母身边。原本能与父母团聚是小徽因梦寐以求的，然而敏感的徽因却从父母的举止里品味到了不和谐，感受了不快乐的气氛。

她的父亲林长民是清末民初政坛上的风云人物，是著名的学者和官吏，他的诗作和书法在他的文化圈子里很吃香。他生在杭州，

21岁时通过了生员的考试，进入杭州语文学校攻读英文和日文。家里为他娶了一房妻子，当妻子因病去世后，他就纳了第二个妻子来给他生儿子和继承者，就是林徽因的妈妈何雪媛。二夫人何雪媛本来生了三个孩子：一个儿子、两个女儿。可是儿子在襁褓中、第二个女儿在孩提时代相继夭折，唯有林徽因活了下来。

父亲很快又将三夫人娶进了屋，三夫人生了四个儿子和一个女儿。那个年代都是母以子贵，也只有儿子才能够传宗接代，因此这位三夫人很快得到了父亲的宠爱，父亲和三夫人住在宽敞的前院，一家人和和睦睦快快乐乐，整日里前院不断传来欢声笑语。

而徽因和母亲，则是住在后面的一个小院里，母亲只能黯然神伤，以泪洗面。但见新人笑，哪闻旧人哭。母亲何雪媛也曾得到父亲的喜欢的，不然也不可能进入林家大院。只不过她出身于浙江嘉兴一个商人家庭，14岁就嫁给林长民做了二夫人。对于善诗文、工书法，才华出众的林长民来说，这位没有受过教育的旧式妇女实在难以令他心动。毕竟出生于商人家庭，又一直生活在养尊处优中，所以嫁到林家就因不善操持家务，无法得到婆婆游氏的欢心，其地位自然一落千丈。性情本就狭隘的母亲，便将满腹的怨气发泄在林徽因的头上，于是小徽因常常遭到母亲无休无止的数落。

逆境与挫折能让人更快地成熟，何况是自小聪颖的林徽因，所以，她很快就从母亲的无比失落中和不停地抱怨唠叨中，学会了独立自主，掌握了爱的真谛。

好在林长民虽然将二夫人抛之脑后，却对林徽因这个聪明懂事的女儿十分喜爱，并把她送到有名的培华女子中学读书，与她一起去上学的还有三个表姐妹，四个亭亭玉立女子顿时成为女中的一道靓丽的风景线，总是引起众多的好逑男子尾随其后。不过培华女子中学的教育是出类拔萃的，林徽因在这里受到了良好的教育，打下了厚实的英语基础。

少女时期的林徽因

也许是西湖水的滋润，12岁的林徽因，就已经是远近闻名的大美人了。高挑的身材，稍稍显得瘦弱，却将古典的高雅与现代的秀丽融为一体，使江南小家碧玉似的温柔与聪慧展露无遗。“云想衣裳花想容，春风拂槛露华浓。若非群玉山头见，会向瑶台月下逢。”借用古诗来形容花样年华的林徽因，倒也恰如其分。这位林家小女，宛如含苞待放的白莲，虽未盛开，却已经散发出浓郁的清香。

亦真亦幻不了情

但抱紧那伤心的标志，去触遇没着落的怅惘；在黄昏，夜班，蹑着脚走，全是空虚，再莫有温柔；忘掉曾有这世界；有你；哀悼谁又曾有过爱恋；落花似的落尽，忘了去这些个泪点里的情绪。

林徽因超凡脱俗的美，让人心动，过人的聪慧，让人羡慕，而那美与智慧的完美融合，就能使她身边的人，由内心滋生出一种怜爱来。

林长民是一位薄情的丈夫，同时也是一位优秀的父亲。对于二夫人情感，早就淡薄得有如白开水一般索然无味，甚至还在岁月的流逝中抛掷在脑后。可是，这并不影响他对女儿林徽因的深切地爱。

12岁那年，徽因就随全家从上海来到了北京。此时，她已经变得成熟而懂事。虽然，从外表上看上去依然非常清瘦，显得纤细而又柔美。可作为家中的大姐姐，她不仅能够照顾弟妹，而且处理起家事来，还头头是道颇有主见。

徽因的成长很让父亲林长民为之欣慰，也自然得到了他的宠爱。此时的林长民，正步入政治的低谷期，被派到日本考察，林长民很想将女儿带在身边，一起到异国游历而增长见识。他在给徽因的信中写道：“每到游览胜地，悔未携汝来观，每到宴会又幸汝未来同受困也。”其父亲对女儿的关爱之情，溢于言表。

林徽因16岁那年，父亲林长民要去英国讲学，林徽因也跟着父亲前往英国读书。父亲便带着女儿，开始了欧洲之行的旅程。当登上驶往法国的游轮，徽因已经无法抑制内心的喜悦，人生的第一次远行，而且还是来到异国他乡，去见识一个陌生的世界，去领略那个异域的风光。心中荡起梦幻般地憧憬与梦想，脑海里翻腾起五彩缤纷的细浪。在游轮上，感受着在浪峰行驶中，上下起伏的颠簸，极目远眺，一望无际的大海与蓝天白云融为一体，那种波澜壮阔的气势和烟波浩渺的广袤，不仅使视野大大的开阔，而更使她感到欣慰的是，觉得自己的心胸也是无比的宽广起来了。

读万卷书，不如行万里路。林徽因跟着父亲游历了法国、意大利、瑞士、德国、比利时等国，先后到过巴黎、日内瓦、罗马、法兰克福、柏林、布鲁塞尔等城市，西方科技的发展让她为之心动，而巴黎的浪漫风情，罗马的威严霸气，还有那特色颇异的古堡与建筑，更是让她迷恋不已。

林徽因被深深地吸引了，忘情地陶醉在异国风情的美妙之中，原来在她的心目中，江南是十分迷人的，此刻她才领悟到异域之美，也同样动人心弦，让人过目不忘，铭刻于心。西方的不同文化更让她受益良多，随着见识的不断增广，她的气质也有了极大的提升，而将东方的诗韵典雅与西方的奔放浪漫有机融合，使她浑身散发出一种高贵迷人超然尘世之美。

结束了短暂的欧洲旅行，林长民便在伦敦定居下来，林徽因也以优异的成绩，考入圣玛莉学院学习。身在海外的父亲林长民十分好客，公寓里客人总是络绎不绝，没有夫人在身边，16岁的女儿林徽因只有勉为其难的扮演家庭主妇角色。好在她自小就十分懂事，有着一种与生俱来的清纯气质，加上彬彬有礼十分得体的言谈举止，展示了大家闺秀的清雅，使她在这种交际场合里如鱼得水，左右逢源。她常常十分优雅地端着茶，在客厅里来回穿梭于客人之中，还落落大方的与客人攀谈，倒是将女主人的角色表现得淋漓尽致，也让林长民的朋友们喜欢上了这个小女孩。

也正因为此，林徽因结识了徐志摩，从而让少女的春心萌动起来，一段让人瞩目的伦敦之恋，康桥之恋，就在人们毫不经意间，感天动地般地演绎开来。

那是一个让林徽因和徐志摩都终生难忘的日子，时间定格在1920年的11月16日。这一天在英国伦敦经济学院留学的江苏籍学生陈伯通，带来一位高瘦个子飘然长衫的青年，这个人就是徐志摩。

24岁的徐志摩，才华横溢风流倜傥，俊俏的面容，儒雅的风度，诗人的气质，令许多红颜佳丽为他倾心。情窦初开的林徽因，自然很难抵御这个富有感染力，具有无比魔力男人的诱惑，很快就被深深地吸引住了：她喜欢听他的故事，十分欣赏他的才华，看他的时候，她眼里溢满了崇拜，她很喜欢看他灿烂的笑，喜欢看他侃侃而谈，甚至连他的沉默她也十分喜欢，乃至于感觉到他的一举一动都在牵动着她的心。哪怕是他的一个眼神，一句平常的谈吐，都能让她兴奋不已。她总喜欢坐在一角静静地听着他在高谈阔论，而在不知不觉中，就让这个男人走进了自己的心里。而她能够登入绝美的文学殿堂，成为一位颇具才华的诗人、作家，也是来自这个男人的影响力。

徐志摩也同样被这个女孩吸引，她外表看上去清美秀丽，像一个女学生，其实却是一个非常聪慧懂事的姑娘，远远看去，像一株白莲。开始时，志摩把她当成妹妹，疼她宠她呵护她，很快这种呵护突然升发，让压抑已久的情感在瞬间点燃，并迅速地燃烧起爱的熊熊烈火。

在他的眼里，林徽因的清纯、优雅、大方，简直就是美的化身，是他心中的女神，是他一辈子可以用生命去追求的女人。“也许，从现在开始，爱、自由、美将会成为我终其一生的追求，但我以为，爱还是人生第一件伟大的事业，生命中没有爱的自由，也就不会有其他别的自由了。”这是他真实情感的流露，也是他心底的呼唤。

徐志摩的爱宛如暴风骤雨，来得突然，来得猛烈，来得一发不可收拾，也在顷刻间填满了林徽因孤寂的心。少女的情怀，就如春天里的花朵，绽放出姹紫嫣红的鲜艳美丽与灿烂，她也毫无保留地将对他无比信赖与爱慕的情感表露起来。

徐志摩欣喜若狂，情不自禁地吐露了心思：“如果有一天我获得了你的爱，那么我飘零的生命就有了归宿，只有爱才能让我匆匆行进的脚步停下，让我在你的身边停留一小会儿吧，你知道忧伤正像锯子锯着我的灵魂。”

林徽因的内心深处，也无法抑制住对徐志摩的爱，感觉到丘比特之箭已经穿透了自己的心。她喜欢这位大他8岁的男人，更是被这位男人的翩翩风度，潇洒言谈和一篇篇情感奔放的瑰丽诗篇所打动。然而，她却知道这个男人不能爱，因为他有家庭，有妻子还是一个两岁孩子的父亲。

虽然少女之心是浪漫的，少女之爱是忘乎所以的，然而林徽因却有所不同，与同时代其他才女有着一定的差别：张爱玲对于爱的诠释是不顾一切，想爱就爱；陆小曼对于爱的理解是疯狂追求，不顾后果；唯有林徽因，在追求爱的诗意与浪漫的同时，却始终保持了理智与冷静。也许自小的耳濡目染和母亲生活遭遇的体验，她在放纵爱情之马向前奔驰的同时，并没有忘记紧紧地拉住手中缰绳。为了不伤害他的妻和子，她选择了逃避，竟然不辞而别的离开了伦敦，回到了中国。

不过离开伦敦时，她给他写了一首诗《情愿》，表达了内心的感受：

我情愿化成一片落叶，
让风吹雨打到处飘零；
或流云一朵，在澄蓝天，
和大地再没有些牵连。
但抱紧那伤心的标志，
去触遇没着落的怅惘；
在黄昏，夜班，蹑着脚走，
全是空虚，再莫有温柔；
忘掉曾有这世界；有你；
哀悼谁又曾有过爱恋；
落花似的落尽，
忘了去这些个泪点里的情绪。
到那天一切都不存留，
比一闪光，一息风更少痕迹，
你也要忘掉了我曾经在这世界里活过。

当徐志摩得知林徽因悄然离开后，十分伤心地哭了，并随着轮船一声长长的汽笛，那段深情被埋在心灵的深处，只不过这恋情却牢牢地烙印在记忆中，他曾经有些无奈地表示道：“我将在茫茫人海中寻访我唯一之灵魂伴侣。得之，我幸；不得，我命。”

情有归属结良缘

等待一场姹紫嫣红的花事，是幸福。在阳光下和喜欢的人一起筑梦，是幸福。守着一段冷暖交织的光阴慢慢变老，亦是幸福。

林徽因和梁思成是很早就相识的。

那年，林徽因14岁，一个亭亭玉立却仍带稚气的小姑娘，梳两条小辫，双眸清亮有神采，五官精致有雕琢之美，左颊有笑靥；浅色半袖短衫罩在长仅及膝下的黑色绸裙上；行走之际飘飘然宛如一个小仙子，又似一朵出水芙蓉，清新淡雅，飘逸绝尘。

梁思成呆了。

此时，梁思成17岁。17岁的他虽说长得很帅，看起来英俊潇洒，温文尔雅，且也是满腹经纶一肚子学问，可惜他为人中规中矩，忠厚有余而风趣不足，虽能给人以好感，却缺乏让人一见心动的吸引力。

没有吸引力的他对林徽因来说，只是一个邻家大哥哥。尽管在别人的眼里，他们俩是天生一对地造一双的金童玉女，两人的父亲都是政界名流，文人雅士，可谓门当户对。

但在林徽因的心里，梁思成就像是一个大哥哥。难道梁思成没有机会了吗？

事情总会有转机的。梁思成的转机就在一场飞来的横祸。

1923年5月7日，梁思成骑摩托和弟弟梁思永上街参加“二十一条”国耻日示威游行，摩托行到长安街被军阀金永炎的汽车撞倒。

车祸，对谁来说都是一场灾难，可对梁思成来说，却是因祸得福。

听到梁思成被撞的消息，林徽因心急如焚，急忙赶去医院。长久以来，她已经将梁思成当作自己的亲人看待。

在这段时间里，林徽因每天去医院对他进行无微不至的照顾。

那是夏天，天气炎热，梁思成经常满身汗水，林徽因却不避忌讳的亲自为他擦拭。他们之间交往以来，从未有过如此频繁亲密的接近，这段时间的交往，让两人的感情有了质的飞越，从此以后，相互之间都有了一种难分难舍的牵挂和思念。经过治疗，虽然可以出院了，但梁思成伤了筋骨落下残疾，左腿比右腿短了小小一截。

尽管如此，林徽因和梁思成还是两情相悦的。

两人的父亲更是喜欢，应该说是一帆风顺的事，哪知道万事多磨难，半路杀出了一个程咬金，梁思成的母亲对林徽因并不满意，作为一个传统女人，她从心底排斥抛头露面的女孩子，何况还听到有关林徽因与徐志摩的传闻，这与心目中的传统式的大家闺秀有着天差地别，因此，她坚决反对儿子和林徽因的结合。

只不过天生良缘，又岂是旁人能够打破的。在梁思成父亲梁启超的安排下，1924年7月梁思成和林徽因一起来到美国的康奈尔大学，在学校读预期班。虽然两人可以在一起，可是梁思成母亲的反对，还是给他们两人的心里留下了阴影。梁思成陷入苦恼之中，林徽因则因委屈而忧郁成疾。

在病中林徽因得到了梁思成悉心的照顾，尤其是他对她的无比信任，让林徽因感到了温暖，一种幸福的感觉油然而生，她十分庆幸自己的选择是正确的。

于是，两个有情人开始了美丽的校园爱情，过着无拘无束特别开心的校园生活。梁思成为人严谨而好静，林徽因天性活泼而好动，两人一静一动在互补中达到和谐。

同在美国留学的顾毓琇说："思成能赢得她的芳心，连我们这些同学都为之自豪，要知道她的追求者之多有如过江之鲫，竞争可谓激烈异常。"可见作为校花的林徽因，在学校里的人气十分之高的。

虽然他们两人性格差异颇大，可联起手来却是珠联璧合，相得益彰。林徽因满脑创意，思维灵动，梁思成沉稳细致，功底深厚。只要林徽因一个创意想出来，就能画出一个草图，梁思成则能按照徽因的意思，将一幅作品完美地绘制出来。因此，他们一起完成的功课，每一次都达到了无缝对接。就是这种互补和谐的关系，一直持续了一生，并对建筑事业做出了卓越的贡献。

在此时期，林徽因49岁的父亲猝然去世。噩耗传来，无异晴天霹雳，林徽因悲痛万分，整日以泪洗面，很快就病倒在床。幸亏有梁思成无微不至的照顾，她才能够摆脱病魔的纠缠，渡过难关。

父亲去世后，一个十分现实的问题摆在林徽因面前，支撑林家的大梁没有了，维持母亲和弟妹们生活的重担就压在了自己和梁思成的身上，因此他们接受了梁启超的提议，决定回国来寻找属于自己的生活。

此时，和梁思成结婚就可以顺理成章了。和梁思成结婚是她最理性的选择，也是她最值得骄傲之事。

一九二八年三月，二十四岁的林徽因和梁思成在加拿大温哥华姐姐家结婚。有情人终成眷属，这对恋人终于如愿以偿结为伴侣，选择了携手一起共度漫漫人生之路。

结婚这天的林徽因幸福快乐，脸上灿若桃花，就如她写的那首《桃花》：

桃花，那一树的嫣红，
像是春说的一句话：
朵朵露凝的娇艳，

是一些玲珑的字眼，

一瓣瓣的光致，

又是些柔的匀的吐息；

含着笑，在有意无意间生姿的顾盼。

看，——那一颤动在微风里

她又留下，

淡淡的，

在三月的薄唇边，

一瞥，一瞥多情的痕迹！

林徽因和梁思成喜结连理，花开并蒂，的确成就了一段美满婚姻的佳话。此时的林徽因，无疑是一朵最鲜艳动人的白莲，在她的身边不乏优秀卓越的追求者，相对而言梁思成或许不是最优秀的但一定是最合适的。也许正是因为他们的姓氏中都有一个“木”，就宛如月老的红线，将他们紧紧地牵在了一起，陪伴着林徽因走过了人生尽头。

梁思成与林徽因的爱情也许不是最浪漫的，少了一份诗情才韵，但合适无疑是最为重要的，只有合适才有着坚实而又真实的依靠。梁思成沉稳踏实，对爱情十分忠实，对林徽因更是非常的信任和宽容。

二十世纪五〇年代初的梁思成与林徽因

比如，梁思成知道，林徽因曾和徐志摩有过烂漫的故事，就是结婚以后，徐志摩仍没有放弃追求，但是梁思成并没有阻止林徐之间的往来，甚至还十分大度的请徐志摩来家作客，成为徐志摩的朋友。当得知自己的妻子爱上邻居金岳霖后，梁思成虽然十分痛苦，但依然能够十分理智地说道："你是自由的，如果你选择了老金，我祝愿你们永远幸福。"可见，梁思成的无私、宽容，表现了对妻子的无比信任和忠诚。只要能使林徽因幸福，他可以舍弃自己的一切，包括对妻子真挚的爱。

婚后，他们按照梁启超的安排，赴欧洲参观古建筑，于八月十八日回京。

九月，梁思成、林徽因受聘于东北大学建筑系，分别被任命为主任、教授。

绝世风华倾人心

流年真的似水，一去不返，看过的风景也许还可以重来，而逝去的人却再也不会回头。任由你千思万想，他除了偶然在你梦中彷徨，其余的时间都只是恍惚的印象。

如果说林徐之爱动人心弦，林梁之爱感人肺腑的话，那么金岳霖对林徽因的爱，则是惊天地泣鬼神了。

徐志摩对林徽因的爱是疯狂的，在伦敦见到了林徽因，很快就被她的美貌才学所折服，开始了不遗余力的追求过程，甚至得到结发妻子张幼仪怀孕的消息，都不看她一眼，冷冷地说：“把孩子打掉。”然而，当他追求一段时间未能得到时，便立即转而追求陆小曼并与之结婚，尽管徐志摩至死都没有放弃对林徽因的爱恋与追求，但林徐之恋，还是埋下了阴影。

梁思成和林徽因如青梅竹马一般，彼此都很了解依赖。林梁两家还是世交，门当户对。梁思成对于林徽因的爱十分真挚，毫无保留的，甚至为了成全林徽因，宁肯牺牲自己的爱。梁思成与林徽因成婚后，两人夫唱妇随，琴瑟和谐，共同为中国建筑业做出了巨大贡献。然而，在林徽因亡故后，仅仅几年梁思成又娶了新夫人，不免为林梁之爱留下点遗憾。

只有金岳霖先生对林徽因不离不弃，始终用惊人的理智控制了自己爱情的蔓草，终生未娶，十分理智而又不求回报地爱着林徽因，守在她的墓前，默默至老。用偏执的追求，一生的守候，来表达自己的深情。他为了她，终身未娶，或许在他心中，认为世界上已无人可取代她。

金岳霖1895年出生在湖南长沙，6岁入学接受传统教育，12岁进入美国教会创办的雅礼大学预科，16岁考入清华学堂，19岁毕业并公费留美。之后的7年先后在美国、英国和欧洲诸国游学，最后以哥伦比亚大学政治学博士的身份回到清华，创办了清华大学哲学系，任教授兼系主任。作为中央研究院第一批院士之一，他的著作《逻辑》、《论道》和《知识论》在中国现代哲学中罕见其匹。

然而，他在生活中却极其随意豁达，甚至还有些糊涂与呆板。他养斗鸡，吃饭时偶尔鸡飞上饭桌偷吃他也不撵，和鸡同桌共餐吃得津津有味；他院子里摆了许多蛐蛐罐子，称斗蛐蛐是“高度的技术、艺术和科学”。他很注重服饰，时而西装革履、墨镜手杖，英国绅士派头；时而球鞋短裤，运动风格，谈笑间洒满阳光；却也有时西装外面套个中式长袍，还戴着老八路的棉军帽，不伦不类却自得其乐……

有一天他给陶孟和打电话，拨通后电话那头的小保姆问："您是谁？"他一时之间，忘记了自己是谁，于是求教于自己雇来的洋车夫王喜，说："王喜呵，你说我是谁？"王喜一听摇头道："你是谁我哪里知道。"他着急地说："你就没听见别人说过我是谁？"王喜回答说："只听见人家叫金博士。"一个"金"字才使老金从迷糊中回过神来，急忙答道："呵，我老金呵！"电话那头早已挂断了。

金岳霖就是这么一个幽默风趣而又迷糊的人。

1931年，在徐志摩的引荐下，金岳霖走进了梁家的沙龙聚会，见到了京城"四大美女"之一的人物——林徽因。从此，孑然一身、无牵无挂的金岳霖，成了梁家沙龙座上常客。而且把家搬过来与他们住前后院。他们文化背景相同，志趣相投，交情也深，长期以来，一直是毗邻而居，常常是各踞一幢房子的前后进。金岳霖对林徽因人品才华赞羡至极，十分呵护；林徽因对他亦十分钦佩敬爱，他们之间的心灵沟通可谓非同一般。

有一次，梁思成外出做田野调查，一回来，林痛苦地对梁思成说："我苦恼极了，因为我同时爱上了两个人，不知道怎么办才好？"梁思成极为震惊，他内心颠簸，终夜苦思，一个劲儿地问自己："徽因到底和谁在一起会比较幸福？"次日一早，他眼圈晕黑，决定把选择权交给妻子，他说："你是自由的，如果你挑选金岳霖，我将祝你们永远幸福！"

林徽因又原原本本把一切告诉了金岳霖。面对千载难逢的良机，金岳霖的回答更是率直坦诚得令凡人惊异："看来思成是真正爱你的。我不能去伤害一个真正爱你的人。我应该退出。"金岳霖十分明智地选择了自己受伤，只要心中爱着的那个女子感到幸福，那么自己承受一点点苦，又算得上什么呢。从此三人终生为友。金一直跟着梁、林作邻居。

1937年，北平和天津沦陷之后，梁家夫妇不得不离开北京，随着国立西南联合大学前往云南昆明。1940年，老金追随他们来到昆明，在他们夫妻新建的农舍旁边盖一间耳房住下。

这种相守从昆明持续到四川李庄，因当时情况所迫，梁思成与林徽因不得不在李庄住下时，日子过得非常拮据困苦，甚至到了依靠卖东西糊口的窘境。金岳霖得知后，千里迢迢赶到李庄探望他们。看到十分瘦弱的林徽因，金岳霖心疼不已，于是，他绞尽脑汁要给她补充营养，跑到市场上买来许多鸡崽儿养在家中，日日盼望他们能够早点下蛋，好给徽因吃。梁家在李庄生活了很久，老金就这样6年如一日的奔波在四川和昆明之间，直到抗战胜利后，三人才重返北平。

后来，林徽因去世后，金岳霖悲痛万分。这时一个学生到办公室看他，他突然说："林徽因走了！"一边说，一边就号啕大哭。几分钟后，才慢慢地停止哭泣。擦了眼泪，静静坐在椅子上，目光呆滞，一言不发。

在林徽因的追悼会上，金岳霖为她写得挽联格外别致："一身诗意千寻瀑，万古人间四月天。"在他心中，林徽因始终是最美的人间四月天。

多年后，梁思成和他人结婚，双宿双息，而金岳霖依旧独身一人。一日，他出面请挚友知交到著名的北京饭店赴宴，没说任何理由。大家都在猜测是什么特殊的事。直到开席时，金岳霖站起来，说："今天是徽因的生日。"

林徽因的诗集再版时，有人求金岳霖写一些话。他想了很久，面容上掠过很多神色，仿佛一时间想起许多事情。但是最终，他仍然摇摇头，一字一顿地说，我所有的话，都应该同她自己说，我不能说。停了一会，他说，我没有机会同她自己说的话，我不愿意说，也不愿意有这种话。说完，他闭上眼睛，垂下了头，沉默了。

许多年后，年近九旬的金岳霖住在医院。当有人将一张林徽因的旧照呈在他眼前时，老人忽然来了精神。他紧紧捏着照片，仔细端详起来。过了很长时间，才抬起头，像小孩求情似的说："给我吧！"

林徽因档案

林徽因，中国著名建筑师、诗人、作家，原名徽音，福建省闽侯人。1904年6月10日生于杭州，1916年入北京培华女子中学，1920年4—9月随父林长民赴欧洲游历伦敦、巴黎、日内瓦、罗马、法兰克福、柏林、布鲁塞尔等地，同年入伦敦圣玛利女校学习。1921年回国复入培华女中读书。1923年参加新月社活动。1924年留学美国，入宾夕法尼亚大学美术学院，选修建筑系课程，1927年毕业，获美术学士学位。同年入耶鲁大学戏剧学院，在帕克教授工作室学习舞台美术设计。1928年3月与梁思成在加拿大渥太华结婚，1929年出任东北大学建筑系副教授。1931年应聘到北京中国营造学社任参校。1946年后担任清华大学建筑系教授。1949年参加中华人民共和国国徽设计工作。1950年兼任北京市都市计划委员会委员、工程师，1953年当选中国建筑学会第一届理事会理事、《建筑学报》编委、中国建筑研究委员会委员。1955年4月1日病逝于北京。

陆小曼：才艺如花，半累烟云遗惠在

我们常常为错过一些东西而感到惋惜，但其实，人生的玄妙，常常超出你的预料，无论什么时候，你都要相信，一切都是最好的安排，坚持，努力，勇敢追求，风景变幻，人世无常，顺其自然的力量，神秘，莫测，闪着光，就这样突然地把惊喜带到你的世界中来。

一代名媛，风华绝代

那些美丽的小鱼，它们睡觉的时候也睁着眼睛。不需要爱情，亦从不哭泣。它们是我的榜样。

她似乎就是一个矛盾体，爱她的拥趸众多，恨她的也为数不少。爱她的人赞她多才多艺、娇艳美丽，恨她的人则谓她风流，玩弄男人于股掌；爱她的人赞她是含苞的百合、绽放的玫瑰，恨她的人则谓她骄纵，视婚姻如儿戏，无情于丈夫，绝情于蓝颜；她既有喜剧的人生，也有悲剧的情感……

她就是陆小曼——北京城的名媛淑女，上海滩的风云传奇。

1903年的农历九月十九日，传说是观音菩萨的诞生日，就在这天，在上海南市孔家弄的陆家大宅院里，一声啼哭后，小曼降生了。陆小曼长得肌肤白皙、眉清目秀，粉雕玉琢，稚嫩可人，家里人都称她是“小观音”。

小曼的父亲叫陆定，晚清举人，曾到日本早稻田大学读书，是日本名相伊藤博文的得意弟子。在日本留学期间，参加了孙中山先生的同盟会，后来又到民国政府财政部任职，是中华储蓄银行的主要创办人。

小曼的母亲是常州白马三司徒中丞第之后代，也算名门之后。她多才多艺，既善工笔画，又有深厚的古文基础，也是一个才女，一代名媛。

小曼的母亲曾生育过9个孩子，不幸的先后都在幼年和青年时死去，只剩下排行第五的小曼。作为陆家惟一的孩子，从小娇生惯养。比起一般女孩也更骄慢、任性。

幼时的小曼是在上海的幼稚园里度过的，她的天真活泼聪明伶俐，加上她那漂亮的脸蛋，小嘴能说会道，很是招人喜欢。6岁那年随母亲从上海到北京，与父亲一起生活，得到父母双亲的宠爱，父母也一心想把女儿培养成名媛，被送入北京女子师范大学女子附属小学读书。

民国初年，袁世凯弄权，为了打击异己，严办党人。曾有一段时间形势严峻，陆定每天都要带着党章党证上班。一天，父亲要去部里上班时，小曼挡住父亲说：证章证件，不要带在身边，今天还是摘下藏起来的好。果然，陆定刚到部里，就被检查并带到警厅软禁起来。晚上大批警察包围了陆家进行搜查，又讯问小曼情况，小曼却不慌不忙，从容应对，救了父亲。从此以后父母更加疼爱这个孩子，知道她聪明伶俐，将来一定有出息，会有光明远大的前途。

9岁至14岁，小曼在北京女中读书，因调皮，有时不能按时完成老师的作业，有一次气极的父亲狠狠打了她一顿，懂事的小曼认识到自己的错误，并也循规蹈矩地读起书来。

15岁，父亲把她送到法国人办的北京圣心学堂学习。虽然北京圣心学堂收费很贵，但陆定舍得，他一心想把小曼培养成名媛中的名媛。当时北京军政界部长一类的小姐有许多在圣心学堂读书，陆定要让自己的女儿与这些权贵千金有同样好的教育。陆定还专门为女儿请了一位英国女教师，教她学习英语。

16岁，她已能精通英文、法文。英文论文、英文书信、法文书写熟极能流。她写得一手漂亮的蝇头小楷，还能弹钢琴，画油画。一个外国人看了她的油画习作后，非常喜欢，以200法郎的高价买走。在圣心学堂，她成绩优异，是非常出色精彩的学生。她既有上海女孩儿的聪明机灵，又有北京女孩儿的端庄娴静，是学堂最受欢迎的女学生，完全具备了名媛淑女的艺术修养。那些喜欢她的外国人，称她为“东方美人”。

小曼能诵会演，走到哪里都引人注目。当外交部部长顾维钧，要求圣心学堂推荐一名精通英法文又年轻漂亮的女孩儿，参加外交部接待外国使节的工作时，小曼成了学校的首选人物。这是天赐良机，陆定夫妇不会错过，他们敏捷地抓住了这个机会，让女儿参与外交部的工作。三年的外交翻译生涯，是小曼一生中所做的事情最成功的，它使陆小曼从女学生成为社会名媛。

18岁时，陆小曼在北京社交界声名鹊起。她多才多艺、热情大方、彬彬有礼，她明艳笑容、轻盈体态和柔美声音，倾倒无数人。顾维钧也十分欣赏陆小曼，有一次，他当着陆定的面对一个朋友说："陆建三的面孔，一点也不聪明，可是他女儿陆小曼小姐却那样漂亮、聪明。"陆定听后又尴尬，又得意。

在外交工作中，小曼以她的机智幽默和风趣展现其爱国情感。有一次法国的霞飞将军在检阅我国仪仗队时，看到仪仗队的动作很不整齐，对于一个将军来说这是不可原谅的，因此他奚落道："你们中国的练兵方法大概与世界各国都不相同吧！”小曼机智地回答说：“没什么不同，全因为你是当今世界上有名的英雄，大家见到你不由得激动，所以动作无法整齐。”她的回答既挽回了中国人的面子，也让将军愉快之余对中国人有了好感。这样绝妙的表现，只有小曼这样聪明、伶俐、大胆的女孩可以做到。

在外交部的工作中，小曼不仅要陪同使节检阅仪仗队，还要陪同外宾观看文艺表演。可外国人往往不太喜欢我们的国粹，有时我们的节目也不够精彩，有些外宾就会毫不客气地说：“这么糟糕的东西，怎么可以搬上舞台！”小曼虽然也知道节目水准不高，不能让外宾满意，但她还是要回敬几句，杀杀外国人的威风。她说：“这些都是我们国家有特色的节目，只是你们看不懂而已。”事实确实如此，外国人听后无言以对，只好耸耸肩了事。他们见识了这个小女孩儿的厉害，不仅没有对她反感，反而对她多了几分尊敬。

徐陆之恋，金玉非良缘

痛彻心扉的爱情是真的，只有幸福是假的。那曾经以为的花好月圆……爱情只是宿命摆下的一个局。

1922年，19岁的陆小曼刚刚告别了青涩，走出校门，就屈从在父母安排下，匆匆地与一个大她7岁名叫王庚的年轻人走进了婚姻的殿堂。没有花前月下的浪漫，也没有两情相悦的欣喜，更没有天长地久的海誓山盟，有的只是门当户对的父母之命。

一家有女百家求，何况是聪明美丽的陆小曼呢。刚满18岁，媒人就开始踏断门槛，只不过父母十分看重自己的掌上明珠，对于东床快婿的挑选，严格得近乎苛刻。在严格地审核之下，总是不合心意一个一个的被刷了下去。终于这个叫王庚的年轻人让他们眼前一亮。不论相貌、才学都是出类拔萃，正是陆家女婿最佳人选。

王庚，梁启超的爱徒，是当时十分珍奇的海归人士。1895年5月15日于江苏无锡出生。本是官宦子弟，家道衰落后发奋求学，1911年毕业于清华大学后赴美留学。他先在密歇根大学读了一年，二年级进入哥伦比亚，三、四年级进入普林斯顿，读历史和政治系，1915年以名列第14位的优异成绩毕业。1915年获普林斯顿大学文学士学位，同年他受到美国西点军校的约谈，到那里接受美国陆军高等教育。与美国名将艾森豪威尔同学。

这样一位留洋八年，既有文科修养又有西点军校背景的年轻人，在军阀混战时期，必定是不可多得的人才。陆定已经看出，这个青年的前途无可限量。

回国后，王庚供职于陆军部，1918年巴黎和会期间，需要留洋的军事专家协助争取中国的权利，他又被任命为巴黎和会中国代表团上校武官，兼外交部外文翻译。此时，他认识了梁启超。梁启超看重他的人品和才华，收为弟子。同年秋，王庚又任航空局委员。

1921年，王庚为陆军上校，在唐在礼夫妇的介绍下，他认识陆小曼。

1923年，任交通部护路军副司令，同年晋升陆军少将。

1924年底，任哈尔滨警察厅厅长。

短短的六年时间，王庚由平凡青年，步步高升，平步青云，前途无量，这样屈指可数的人才，小曼父母当然喜欢。

在陆家的操办下，陆小曼和王庚的婚礼举行。陆小曼的婚礼震惊四方，婚礼在"海军联欢社"举行，仪式之浩大，场面之阔气，轰动京城。“光女傧相就有九位之多，除曹汝霖的女儿、章宗祥的女儿、叶恭绰的女儿、赵椿年的女儿外，还有英国小姐数位。这些小姐的衣服，也都由陆家订制。婚礼的当天，中外来宾数百人，几乎把‘海军联欢社’的大门给挤破了。”

在很多人看来，陆小曼与王庚，正是金童玉女，他们的婚姻可谓是天作之合，天下绝配。小曼家的财力与人脉，对于有着真才实学地王庚而言，无异于猛虎添翼，锦上添花，有了陆家的帮助，王庚定会春风得意，青云直上。有了王庚的支撑，陆家更加稳如磐石。

然而美好的愿望在残酷的现实面前往往是不堪一击。这段在人们视野中的美满婚姻，仅仅只维系了三年，就宛如一个缤纷绚丽的肥皂泡，顷刻间就破碎、崩溃，成了一滴滴水珠。

按照传统的观念，身为人妇的陆小曼，不能过那种抛头露面的生活，得安安心心地待在家里，成为大门不出，二门不迈，安分守己，相夫教子的贤妻良母。只可惜陆小曼接受的是现代的西式教育，在西方文化的熏陶下，早就将传统的三从四德的思维抛掷脑后。何况在交际界纵横多年，一直过着被人追捧的生活，有着张扬的个性，热衷于在自由奔放中寻找快乐幸福的感觉。因此，她不适应，她不要那种困守家中，有如笼中之鸟一样的日子。

小曼渴望热闹，也只有融入人群里，从近似疯狂的热闹之中，才能找回那个曾经精彩四射，充满活力的自己来。她认为只有为自己活着，才是真正的人生。

此时的王庚，每天忙于公务，早出晚归，从没有时间陪伴小曼。他是上流社会人们心目中有前途的青年，也是一名优秀的军官，出色的军人，好男人的典范。但绝对不是小曼心中理想的丈夫。他的心大多扑在工作和应酬上，几乎抽不出时间陪伴妻子，也忘了考虑给妻子应有的呵护。

陆小曼，王庚原本就属于两个世界的人，一个是风情万种，一个是不解风情；一个渴望在男人呵护下，纵横在交际场中，一个深受传统文化的禁锢，不喜欢妻子抛头露面。两种截然不同的思维，不可能找到共同语言，性格、观念的差异，更不可能碰撞出热烈的火花来，情不在，心相离，早已是同床异梦。分开已成必然。

刚开始，陆小曼还只是消极的反抗，成天与那些命运相同的权贵的千金小姐、太太们一起出去吃饭、喝酒、打牌、捧戏子、跳舞、唱戏，过着富足而百无聊赖的生活。后来，徐志摩闯进了她的生活。徐志摩本就是风流才子，小曼容貌的美丽、娇艳，身体的婀娜多姿，性格的活泼快乐，态度的轻松、自然，说话的柔声细气、幽默俏皮，为人的机灵、大方，吸引了多情的徐志摩，他要找的就是这样性灵的女子。干柴烈火，迅速燃烧。而偏偏王庚又为他们两人的相处，提供了更多的机会，每当小曼提出让王庚陪她出去逛街的时候，王庚就把徐志摩推出来，让徐替代自己的角色。

于是，就在王庚的默许甚至是撮合之下，两人很快就坠入了深深的爱河，无法自拔。陆小曼本就是一个为了爱，什么都能舍弃的女子，为了和徐志摩走在一起，她竟然毫不心软地打掉与王庚的胎儿；而徐志摩同样是为爱疯狂的浪漫诗人，当年为了追求林徽因，不惜逼自己的发妻打掉自己的骨肉，两个志趣相同性格相近的人，自然走在了一起，王庚只能是最后的牺牲品。

灯火阑珊处，痛得无法呼吸

世界上唯一不能强求的，是爱情；世界上谁都无法战胜的，是时间；世界上再也找不回来的，是过去；世界上最让人心痛的，是分离。你曾经以为忘记了，却在某个夜深人静时，记起；你曾经以为痊愈了，却在某个灯火阑珊处，痛得无法呼吸。

世上没有不透风的墙，对于两个恋情如火的人来说，即便想隐蔽痕迹，也难挡住真情的自然流露，何况他们原本就没有遮遮挡挡，王庚终于听到了风声，虽然仍然是最后一个得知内情的人。

王庚询问陆小曼，小曼开始死活不肯承认，直到有一天王庚掏出手枪，她才将事情从实招来。王庚并没有朝小曼开枪，反倒是自己心中被狠狠地剜了一刀。这时轮到诗人的朋友们为诗人担忧了，因为这时王庚已经做了五省联军总司令部的参谋长，手中握有枪杆子，斩杀一个诗人只不过是举手之劳，分分秒秒的事。

只是王庚并没有用子弹来发泄心中的夺妻之恨，而是在和小曼办完离婚手续后，当面送给了徐志摩一句让人心颤的话，他说："我们大家是知识分子，我纵和小曼离了婚，内心并没有什么成见；可是你此后对她务必始终如一，如果你三心两意，给我知道，我可不会轻饶了你。"

王庚的宽宏大量与徐陆两人的背信弃义，形成了鲜明的对比，人品的高低上下得到了最为直接的验证。常言道：朋友妻不可欺，然而，徐志摩却是毫不顾忌的对朋友之妻下手，虽说爱之至情，出乎自然本无对错，但平心而论，这种挖朋友墙角的行为，总是不地道的，也许徐陆之爱的昙花一现，乃至两人的悲惨结局，正是对于他们背叛的最大惩罚吧。

只不过徐陆这一场爱情保卫战，也是打得十分的艰难困苦。徐志摩曾亲自出马拜访小曼的母亲，不料效果极差。小曼的母亲本来就怨恨于他，见他上门来，就毫不留情地说道："你不要来妨碍别人家庭的生活，让一个幸福的家庭无法过日子"。面对小曼母亲的责骂，徐志摩非常难堪和尴尬，却又无可奈何。徐志摩求救于老大哥胡适，胡适出面也是无功而返，最后小曼的作画老师刘海粟登门，这才将小曼的母亲说服。刘海粟乘胜追击，又到上海有名的

“功德林”设宴请客，为陆徐两人排除一切障碍。1925年底，小曼终于离婚了。

第二年10月3日，农历七夕，在牛郎织女相会的日子，陆小曼又要结婚了，新郎就是徐志摩。

这场盛大的婚礼，引来多人参加，且多是当时大名鼎鼎的人物。证婚人是梁启超，主持人是胡适。能请动此两位者，有几人哉？

在婚礼上，梁启超对自己的学生说：“徐志摩，你这个人性情浮躁，所以在学问方面没有成就。你这个人用情不专，以致离婚再娶……你们两人都是过来人，离过婚又重新结婚，都是用情不专。以后痛自悔悟，重新做人！愿你们这次是最后一次结婚！”

不管怎样，陆小曼和徐志摩终于如愿以偿走在了一起。爱情是美好浪漫的，生活却是十分现实。尽管徐志摩将陆小曼看成至死不渝的灵魂伴侣，但两人的婚后生活并没有像原来所憧憬的那样甜蜜。

有一次，陆小曼对郁达夫之妻王映霞诉说：“照理讲，婚后生活应过得比过去甜蜜而幸福，实则不然，结婚成了爱情的坟墓。徐志摩是浪漫主义诗人，他所憧憬的爱，最好处于可望而不可及的境地，是一种虚无缥缈的爱。一旦与心爱的女友结了婚，幻想泯灭了，热情没有了，生活便变成白开水，淡而无味。”不仅如此，徐志摩劝她不要打牌、不要抽鸦片，也让她心烦。同时，徐志摩的父亲徐申如对陆小曼的不理不睬，也是她情绪苦闷的因素。

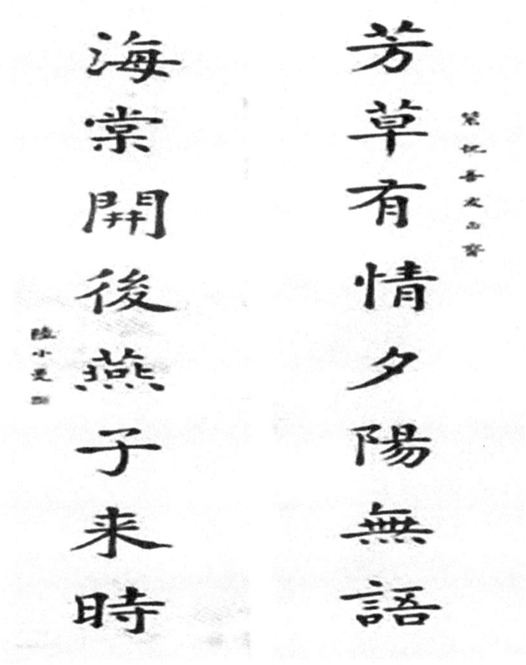

后来，徐申如出于对陆小曼极度不满，在经济上与他们夫妇一刀两断。断绝了经济来源的徐志摩，开始为生计来回奔波了，他不得不同时在四、五所大学兼课，同时还要赶写诗文赚取稿费，虽然如此努力，仍然不够陆小曼的花销。

陆小曼住在上海，不肯搬到北京，徐志摩只能经常上海、北京两地奔波。而徐家父母一直不接受陆小曼，甚至徐母过世，徐父也不肯让小曼进门。这件事情对陆小曼的打击相当大，她认为自己在徐家没有一点地位。家庭的矛盾成了夫妻感情破裂的导火索，两人之间战火频起，夫妻间吵架几乎成为家常便饭。

1931年11月11日，徐志摩搭乘张学良的专机飞抵南京，于13日回到上海家中。不料，两人碰面刚三言两语就开始吵架了。据郁达夫回忆：“当时陆小曼听不进劝，大发脾气，随手把烟枪往徐志摩脸上掷去，徐志摩连忙躲开，幸未击中，金丝眼镜掉在地上，玻璃碎了。”徐志摩一怒之下，离家出走。

11月19日，徐志摩为听林徽因在北京作的关于中国古代建筑的讲演，迫不及待地搭乘了一架邮政机飞往北京。因大雾影响，飞机于中午12时半在济南党家庄附近触山爆炸。徐志摩遇难。

后来，陆小曼见到了徐志摩惟一的一件遗物——一幅山水画长卷。这幅画是陆小曼于1931年春创作的，堪称陆小曼早期的代表作，更为珍贵的是它的题跋，徐志摩把这张手卷随带在身，是准备到北京再请人加题，只因手卷放在铁箧中，故物未殉人。陆小曼看着这张画卷，想到徐志摩的种种好处，泪水涟涟，百感交集。自此，她一直珍藏着这幅画，如同保护自己的生命。徐志摩失事后，陆小曼受的打击最大，遭受的批评也大，徐志摩的一些朋友不愿再跟她来往。徐志摩的朋友们认为是陆小曼不肯北上才导致悲剧上演。

1932年，在海宁硖石召开了徐志摩的追悼会，陆小曼因为公公徐申如的阻止，没有能到海宁硖石参加追悼会，她作为亡妻送了一副挽联：

多少前尘成噩梦，五载哀欢，匆匆永诀，天道复奚论，欲死未能因母老；

万千别恨向谁言，一身愁病，渺渺离魂，人间应不久，遗文编就答君心。

1933年清明，陆小曼独自一人来到硖石，给徐志摩上坟，这是陆小曼第五次到海宁硖石，也是最后一次。陆小曼没有再到她与徐志摩婚后小住的“香巢”中去，那是徐家的房产，她无福消受，她也不愿再去那一块让她甜蜜而又令她伤心的地方。

凡尘和痛苦，无爱亦痴情

也许爱情只是因为寂寞。需要找一个人来爱。即使没有任何结局。

在陆小曼的一生中，有三个重要的男人：丈夫和情人。

丈夫有两个，王庚和徐志摩；情人是翁瑞午，尽管他们相互都不承认爱，但相互都很痴情，而且相濡以沫地走过了三十余年人生。

翁瑞午是上海有名的遗少，他的祖父是光绪皇帝的老师，父亲曾任桂林知府，光祖上留下的古董字画就够翁瑞午花一辈子。因此他有很好的条件包装自己。除了不擅长写诗，他有很多地方比徐志摩强：擅长行书、小楷、花卉、绘画，精于鉴赏古玩，人又很有情趣，朋友多。他明白怎么对女人，会讨好也体贴人；喜欢交朋友，出手大方，聪明、风趣，很招人喜欢；他还抽鸦片，追女人，是上海十里洋场的花花公子，他家中有妻有子，但丝毫不阻碍他在外风流。

一次演出时。因为演戏过度疲劳，小曼病了，翁瑞午主动向她提供推拿服务，因为他曾是著名推拿医生王松山的学生。小曼体弱多病，一天有小半天不舒服，有时甚至会晕厥过去，但只要翁瑞午一按摩，手到病除，从此依赖上翁瑞午。

翁瑞午是位瘾君子，小曼身体很差，满身是病，一痛起来就没完没了，十分难受。看着小曼痛苦难受的样子，他就劝她抽几口鸦片来缓解病痛，就这么一来二去，陆小曼也就沉醉于和翁瑞午共躺一塌吞云吐雾的日子里，难以自拔。

徐志摩去世后，小曼非常自责悲伤，又处在众多的舆论压力里，活得十分艰难。翁瑞午提议去杭州陪小曼散心，他带了长女邀了朋友与小曼一起去游西湖，不是俩人同游，让小曼没有任何压力，而游玩的经费自然是翁瑞午的。

友人们多次劝陆小曼为了名誉离开翁瑞午，戒掉鸦片，重新做人。但她并没有听从这些劝告，因为她已经习惯了这种生活，根本没有打破这种生活习惯的勇气。况且，生活孤单的她，也需要一个人来慰藉自己的寂寞，翁瑞午无疑是最佳人选。

翁瑞午陪伴在小曼身边，送她喜欢的画作，投其所好；给她按摩，分文不取；点烟送茶，心甘情愿；听她诉苦，多有理解；关心照顾，体贴入微；提供金钱，不遗余力；半生相伴，不离不弃。他做到所有的这一切，却从来没有像王庚或志摩那样，试图按照自己的理想去改变小曼，塑造小曼。他与小曼是真正的同一类人，他们有着共同的爱好，共同的人生观，共同的生活方式，所以彼此理解，相容和谐。

他们荣辱与共、相濡以沫，有着深厚的感情，相互间早已融为一体，不是夫妻胜似夫妻，谁也离不开谁。翁瑞午对小曼始终如一，为了供养小曼，他卖掉自己所有的收藏。小曼年龄大了之后，芳容已减。因为吃鸦片，她的身体越来越差，牙齿全部脱落，牙龈发黑，脸色泛青，头发蓬乱，大半时间缠绵病榻。翁瑞午待她依然如故，端茶倒水，供小曼医药饮食。1960年前后三年，物质奇缺，为了一包烟，一块肉，翁瑞午不惜冒着酷暑、顶着严寒排长队去设法弄到。他有一香港亲戚，时有副食品惠寄，翁瑞午几乎全给小曼享用。小曼发病，他端汤奉药，不离左右。1961年，翁瑞午临死前，约赵清阁和赵家壁见面，仍不忘托付他们："今后拜托两位多多关照小曼，我在九泉之下也会感激不尽的。"这番心意印证着他对小曼深厚的爱，对她所负的责任感。

在陆小曼原来的感情生活里，到处是纠结。小曼与王庚的婚姻，因为没有爱，终于破裂；小曼与志摩虽然爱得深刻，但两种截然不同的人生观与价值观却让他们的婚姻充满矛盾和痛苦；只有小曼与翁瑞午，他们相互扶持着愉悦地走完了余生。

尽管双方都曾否认这是爱情，但这种情谊是他们走过真实平凡岁月里，最温馨最美好的良方。

这种情谊，似乎比爱情更有效也更现实，1959年在陆小曼填写的档案表格上，在家庭成员一栏上，她正式写上了翁瑞午，从而表明了他们的关系。

1959年，陆小曼任上海市人民政府参事室参事。同年，被全国美协评为"三八红旗手"。

1965年4月3日，陆小曼在上海华东医院逝世，终年62岁。

这个美丽、娇艳的女子，在受尽凡尘磨难病魔缠身之苦后，终于永远地摆脱了一切痛苦，去天国寻找自己的爱人。

陆小曼档案

陆小曼（1903—1965年），又叫陆眉，近代女画家，江苏武进人，为书香门第。1903年生于上海南市孔家弄，籍贯常州。1915年就读法国圣心学堂，她18岁就精通英文和法文，曾被外交部邀请去接待外宾，在其中担任中外人员的口语翻译。她是个画家，师从刘海粟、陈半丁、贺天健等名家。她1922年和王赓结婚，1925年离婚。1926年与徐志摩结婚，同年参加中国女子书画会，1941年在上海开个人画展，晚年被吸收为上海中国画院专业画师，上海美术家协会会员，曾参加新中国第一次和第二次全国画展。她擅长戏剧，曾与徐志摩合作创作《卞昆冈》五幕话剧，且有深厚的古文功底和扎实的文字驾驭能力。1965年4月3日于上海华东医院逝世，享年63岁。

萧　红：我将与蓝天碧水永处

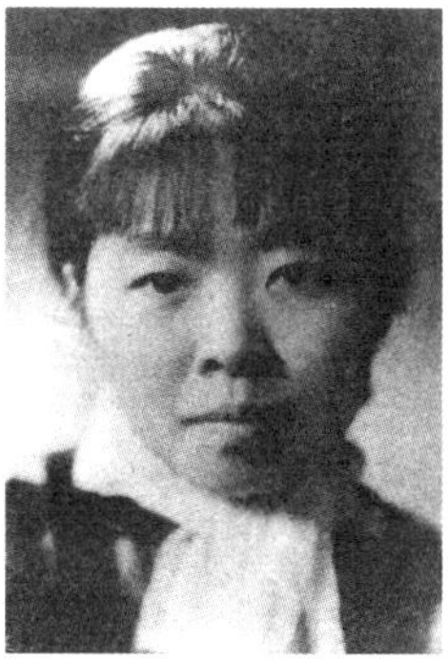

为了要追求生活的力量，为了精神的美丽与安宁，为了所有的我的可怜的人们，我得张开我的翅膀。

傲骨孤苦飘零

楼顶和树梢都挂住一层稀薄的白霜，整个城市在阳光下闪闪烁烁撒了一层银片。我的衣襟被风拍着作响，我冷了，我孤孤独独的好像站在无人的山顶。每家楼顶的白霜，一刻不是银片了，而是些雪花、冰花，或是什么更严寒的东西在吸我，像全身浴在冰水里一般。

一位冰清高洁的女子，一只鲜艳耀眼的花朵。她的一生充满苍凉，历经丧母之痛、漂泊之苦。她的生命短暂，仅仅三十二载，却如烟花般绚烂辉煌。她就是“30年代的文学洛神”——萧红，中国最有前途的女作家。

1911年6月2日（农历五月初六），在黑龙江呼兰县城的一处张家大院里，一个女婴在阵阵啼哭声中来到了这个世上。这个张家在县城是个大户人家，远祖张岱和弟弟张明贵在清嘉庆年间到黑龙江省阿城县三区二甲福昌号屯一带开荒，逐渐发达起来。到了第四代，也就是女婴祖父张维祯这一代，家业庞大，由于内部矛盾分了家，张维祯分得呼兰的房产和一处油坊，带领妻女离开阿城，搬到呼兰定居。因无儿子，过继了堂弟张维岳第三子张廷举来延续子嗣，即女婴的父亲。

女婴的乳名荣华，学名秀环，后由外祖父改名为迺莹。后因以萧红为笔名发表《生死场》，并在文坛产生极大反响，从此，就以萧红为名。萧红自小精灵古怪，调皮捣蛋。三岁时，看见祖母的窗纸漂亮，就用小指头咚咚咚地戳个洞。

祖父也十分喜欢这个精灵般地萧红，小猪掉进井里，祖父买了来，涂上一层黄泥给她烧了吃；鸭子掉进井里，祖父又买了来涂上泥给她烧了吃，因那香味让她着迷，于是她天天等着鸭子落井，甚至还拿着竹竿追赶压制，想将鸭子赶入井里……祖父还教她念《千家诗》，她很喜欢念诗时那种抑扬顿挫、朗朗上口的感觉，总喜欢扯开嗓子，大声地背诵着，还常常在客人面前大声地展露自己背诗的才华。

六岁时她不知怎么就产生拥有一个新皮球渴望，每次祖母上街她总央求祖母给她买一个新皮球，每次祖母都答应得好好地，可就是从没有兑现过，于是她一个人偷偷地上了街，不料在街上迷了路，一位好心的车夫用马拉的斗子车送她回家，在车上她想起大人讲的一个乡巴佬蹲在洋车上的笑话，乡巴佬怕拉车的过于吃力，蹲着而不敢坐下，以为这样没有重量，车夫就不会收他的钱。她也效法蹲在车上，回到家还洋洋得意大声叫唤道："看我！乡巴佬蹲东洋驴子！乡巴佬蹲东洋驴子呀！"车夫将车停下，惯性的作用使小迺莹滚落下来。祖父心疼孙女，气愤地打了车夫一耳光，不但没给钱还把他从院子里轰了出去。

萧红不理解地询问祖父，祖父十分霸道地回答："有钱的孩子是不受什么气的。”这件事让萧红产生了深深地震撼，从此她的目光开始投向了生活底层的人们。

萧红很快度过了天真无邪，无忧无虑的日子，步入了忧伤艰难的岁月。七岁那年祖母过世，九岁那年母亲过世。年龄还小的萧红，立即就面临了无尽的磨难。

祖父因为迷恋上了抽大烟，于是将全部的爱，都赠予了吞噬人类灵魂的鸦片上，对于萧红姐弟，再也不闻不问了。而母亲过世后，父亲续娶，继母对他们十分冷漠，虽然没有动手打他们，但是在父亲面前告状，搬弄是非，遭遇父亲的打骂，也就成为家常便饭。

1924年，萧红入呼兰县立学校上学。在校期间，她学习刻苦，成绩优秀，尤其是作文，颇受老师们赞赏。

1925年，“五卅”惨案发生。随社会形势，呼兰县也掀起反帝爱国热潮，萧红第一次参加学生运动，上街游行、示威，声援上海工人、学生的爱国斗争。不仅如此，她还向当权者请命，甚至还参演了反封建包办婚姻的话剧《傲霜枝》。

她的这些行为自然得罪了父亲的一些上司，还引来那些封建卫道士的非议和嘲笑，她成了众目睽睽的对象，这让父亲十分恼怒，因此，当萧红上完高小，要升人中学时，父亲瞪一瞪眼，“上什么中学？上中学在家上吧。”

而且，还在萧红上小学时，父亲包办将她许配给呼兰县驻军邦统王廷兰之子王恩甲。

升了学的同学都纷纷来信，讲述学校的趣事，这让萧红渴望读书之心，更为强烈。她先是消极对抗，每天除了看书就是在后园溜达，对于父亲和继母的管教，置之不理，即便父亲挥拳相向，将她打倒在地，她也不过是爬起来昂然而去，就是不哭，更不服软。她的倔强，让父亲十分无奈，但仍不松口让她去学校读书。

后来，她从一个同学为了躲避给高官做小老婆，而去教堂做了修女的事中得到启发，扬言不让她到哈尔滨上学就去当修女，祖父一听跳起来大骂张廷举，说如果孙女去当修女他就死给他们看。此时，萧红要当修女之事，已闹得沸沸扬扬，张廷举为了顾及张家的脸面，最后只能妥协。只不过父亲的让步，给她带来的是更大的磨难。

1927年秋季，萧红考入哈尔滨市东省特别区区立第一女子中学。但上学的条件是必须答应与王恩甲的婚事，为了能继续求学，她屈从了。在学校通过阅读大量的中外优秀作品，她的思想也越来越激进，同时，她对于思想陈旧的王恩甲也越来越不满，尤其是发现他抽鸦片后。她想解除婚约，却遭到了家里人的强烈反对。为了自己的未来，她抛弃一切，她要和表哥一起去北平。

只是表哥有妻有子，与表哥过从甚密，便有风言风语传到家里，张家和王家开始置办结婚用品，逼她和王恩甲完婚，同时家里还停止了学费的供给。被逼无奈，萧红只得假装同意结婚，拿到一笔嫁妆钱后，又只身去了北京。

初到北京时，她还是过了一段时间的舒心日子，陶醉在完整友情和半成品的爱情中，只是在家庭断绝了经济来源之后，她的生活立即陷入了窘迫之中。尤其是表哥陆哲舜，在遭到家中不再寄钱的警告后，顿时变得消沉起来，开始抽烟喝酒，继而两人的关系愈加冷漠，最后向家里低头，收拾行装回家去也。

萧红也只能回到哈尔滨，这个时候王恩甲闻风而至，将她安排在东兴顺旅馆。她不愿回到那个缺乏亲情的家，在追求自由爱情之梦破碎后，也就对这位未婚夫有了依赖之心，为了实现北平的求学梦，只能答应嫁给王恩甲，并开始与王在旅社同居。

王恩甲的哥哥王大澄得知后，气愤异常，于是断了经济供给，并坚决要求王恩甲与萧红解除婚姻，萧红一气之下，一纸诉讼告到法院，控告王大澄代弟休妻。然而，官司最终因王恩甲的软弱而败诉，萧红因此遭遇到张家人的极力排斥，从此过上了孤苦无靠，四处飘零的生活。

磨难恰逢萧军

往日的爱人，为我遮蔽暴风雨，而今他变成暴风雨了！让我怎样来抵抗？敌人的攻击，爱人的伤悼。

输掉官司的萧红回到了呼兰县。

后来，她随家搬到阿城县（现哈尔滨市道外区民主乡）福昌号屯，与外界隔绝。1931年10月，萧红从福昌号屯经阿城逃到哈尔滨。半年后，萧红怀孕，临产期近，没有足够钱物的汪恩甲却弃萧红而去。

此刻，绝望、屈辱、不甘，各种不幸向萧红袭来，欲哭无泪。

走投无路的萧红只好向哈尔滨《国际协报》的副刊编辑裴馨园求救。裴馨园、孟希、舒群等友人先后到旅馆看望萧红，但一直找不到解救萧红的办法。直到萧军的出现。

萧军（1907年—1988年），辽宁锦州人。原名刘鸿霖。曾用名刘吟飞、刘羽捷、刘蔚天、刘毓竹。笔名除“萧军”外，还有酡颜三郎、田军、三郎等。他是“东北作家群”的领军人物，知名的左翼作家。

1932年7月12日黄昏，受裴馨园的委托，萧军带一封信和几本书看望萧红。

当萧军走进萧红的房间，看到衣衫褴褛，就要分娩的萧红，原本将手中的书、信交了后就要离开，但在萧红的恳请下，还是留下听萧红述说着自己的处境。听着她的述说，萧军悲愤交加，他本来就是个疾恶如仇的人，此时对她更是产生了怜惜之情。唏嘘慨叹之际，他忽然看到她的床上散落着几张纸片，随手拿起来，上面用铅笔随意勾勒的花纹图案流畅优美，还有几节字迹秀丽工整的短诗：“那边清溪唱着，这边树叶绿了，姑娘呵，春天来了！去年在北平，正是吃着青杏的时候，今年我的命运比青杏还酸？”他被震动了！她不是一个普通的女子，她苍白的面容背后藏着非凡的才情啊。

就在刹那之间，萧军做出了决定：要拯救这个美丽的可爱的闪光的灵魂，不惜一切代价。萧军在《萧红书简辑存注释录》中写道：“我必须不惜一切牺牲和代价——拯救她！拯救这颗美丽的灵魂！这是我的义务……”

只可惜萧军不过是一名穷作家，孤身一人，还是寄居在裴馨园家里。他临别时把自己仅有的五角钱留给了萧红，但是要救出已被抵押的萧红需要几百元的赎金，他根本无法筹措。

恰逢哈尔滨连续降了27天大雨，松花江决了堤，街道上一片汪洋，成了行船的水道，房屋倒塌，很多人死于水患。萧红乘机搭上一艘救生船，逃离了被囚禁了两个多月的东兴顺旅馆。

逃出的萧红只能暂住在裴馨园的家中，萧军也搬了过来。只不过长期的寄人篱下，总会生出嫌隙来，由于裴夫人对萧红的反感，裴家搬到另一处房间，将所有的被褥都拿走，挺着大肚子的萧红只能躺在冰冰冷的土炕上，遭受着饥寒交迫的蹂躏。没过两天，萧红的肚子突然痛了起来，萧军千方百计才借到一元钱，连夜雇了一辆马车，冒雨将萧红送进了医院，可住院费要交15元。萧军只能强行让萧红住进三等产妇室，次日凌晨产下一个婴儿。因为无力抚养，只能将孩子送人。出院后，无家可归的两人，只能住进道里新城大街的欧罗巴旅馆，开始共同生活。

没有固定的经济来源，二人仅靠萧军当家庭教师和借债勉强度日，生活非常困难。后来，他们从欧罗巴旅馆搬到道里商市街25号，这才算有了自己的家。

但艰难的日子，让萧红彻底体味了人间的苦难，也让她对一切充满着深切地悲悯。

在萧军的支持和帮助下，萧红开始为报刊写稿。先后发表了《两个青蛙》、《哑老人》、《夜风》、《清晨的马路上》、《八月天》等许多作品。

萧红1935年与萧军合影

10月，萧红与萧军出版了他们合著的小说散文集《跋涉》。《跋涉》的出版，在东北引起了很大反响，受到读者的广泛好评，也为萧红继续从事文学创作打下了坚实的基础。但因《跋涉》集中大部分作品揭露了日伪统治下社会的黑暗，歌颂了人民的觉醒、抗争，带有鲜明的现实主义进步色彩，萧红、萧军也成了特务们关注的对象。为躲避迫害，他们在中共地下党组织的帮助下，于1934年6月逃离哈尔滨，经大连乘船到达青岛。在青岛，他们与先到这里的舒群一家住在观象一路一号。萧军在《青岛晨报》任主编，萧红集中精力，勤奋写作。

后来，他们认识了鲁迅先生，并得到鲁迅的指导与鼓励。鲁迅还特意将萧红、萧军介绍给茅盾、聂绀弩、叶紫、胡风等左翼作家。1935年，萧红完成了以后震动文坛的《生死场》。后来，鲁迅还利用自己在上海的关系，积极向出版社推荐他们的作品，随后，萧红写的第一个短篇小说《小六》很快就在《太白》上刊出。紧接着，散文《饿》，短篇小说《三个无聊人》分别刊登在《文学》和《太白》上。从此，萧红的作品便陆续在上海发行的《生活知识》、《中学生》、《作家》、《文学季刊》、《中流》等多家杂志上发表。萧红也开始在上海文学界崭露头角，成为一颗闪亮的文学新星。该书正式出版后，受到了广泛的赞扬，奠定了她在中国现代文学史上的地位。鲁迅先生称赞萧红说：她是我们女作家中最有希望的一位。

萧红的事业越来越成功。可随着时间的推移，她和萧军之间的感情却出现了问题。萧军的性格暴躁，萧红的性格忧郁。两人的性格碰撞让感情显得沉重。

由于感情的不和谐，萧军的感情转移了，转给了事业，转给了其他的人。这对于感情上受尽磨难、脆弱敏感的萧红来讲，无疑是一个沉重的打击，因为她对于爱依附得太深了！她多次努力，对自己曾热恋过的人抱着很大的期望。但她还是失望了，忙碌着的他已无暇顾及她的感情了。

分手，也许分手能彻底解决。但分手是疼痛的，萧红为了求得解脱、缓解矛盾，还是决定用暂时的离别来弥补裂痕。

1936年7月16日，萧红离开上海，东渡日本。在日本，她过着寂寞、孤独的日子，但她还是坚持创作，写出了《红的果园》、《孤独的生活》、《王四的故事》、《牛车上》、《家族以外的人》，以及诗歌《沙粒》等。

半生冷遇情殇

人活着为什么要分别？既然永远分别，当初又何必认识！人与人之间又是谁给造了这个机会？既然造了机会，又是谁把机会给取消了？

1936年10月19日，鲁迅先生逝世。

听到噩耗的萧红满心伤痛。她给萧军写了一封信，在信中充满对导师的深切怀念。1937年1月，萧红回国，到上海后立刻去万国公墓拜谒鲁迅先生，以表哀思。3月，她写下了《拜墓诗——为鲁迅先生》，发表在4月23日的《文艺》上。在北平待了几天后，萧红回到上海，与萧军的关系有所缓和，并和萧军一起参与了《鲁迅先生纪念集》的编写工作。

“七七卢沟桥事变”后，萧红、萧军与上海一些文化人撤往武汉，并与舒群、白朗等青年作家积极投身于抗战文艺活动。萧红挥笔写下多篇以抗日为主题的作品，《天空的点缀》、《失眠之夜》、《在东京》、《火线外二章：窗边、小生命和战士》等散文的发表，对宣传推动人民抗战起到积极作用。

1938年1月，萧红应民族大学副校长李公朴之邀，离开武汉到山西临汾民族大学任教。同行的有萧军、聂绀弩、艾青、田间、端木蕻良等人。萧红、萧军、端木蕻良在校担任文艺指导员。2月，临汾形势紧张，学校撤离，萧红、端木蕻良随丁玲率领的西北战地服务团来到西安。萧军先是留下，后经延安也来到西安。

这次撤退让萧红真正认识了端木蕻良，那散发浪漫诗意的温柔男人。在端木蕻良身边，萧红感觉到一种被融化的微熏，心里轻飘飘的像要浮起来般。柔软恬适，善解人意，端木给人一种平等的幸福感，在他面前，她是一个人，是个值得呵护的女人，不像萧军，总视她为附属品。当然，较之萧军的勇敢无畏，而软弱退缩的端木是有所不足的，但是萧红却在不知不觉中，爱上了端木。一天，端木不在家，萧红来到曾经三人共处的里屋，脑中难以挥去端木的影子，忍不住提笔写道："君知妾有夫，赠妾双明珠。还君明珠双泪垂，恨不相逢未嫁时。"端木回来看到萧红的墨迹，自然明白萧红的情意，只因她已为人妇，万般心事顿时涌上心头。

1938年与丁玲在西安

在西安，萧红、萧军正式分手，此时萧红已经怀了萧军的孩子。端木得知萧红怀孕的消息后，非但没有拒绝反而更理解她同情她。

1938年5月，萧红与端木在汉口大同酒家举行婚礼，婚礼上有刘国英和几个同学，胡风、艾青等文化界的朋友。萧红被大伙簇拥着，虽然经历了几个男人，这还是她第一次当新娘，感到兴奋而满足。胡风担任司仪，提议让新郎、新娘介绍恋爱经过。萧红对大家说："张兄，掏肝剖肺地说，我和端木蕻良没有什么罗曼蒂克式的恋爱历史，是我在决定与三郎永远分开的时候才发现了他。我对他没有什么过高的希求，只是想过正常的老百姓式的夫妻生活。没有争吵、没有打闹、没有不忠、没有讥笑，有的只是互相谅解、爱护、体贴。"。

1940年摄于香港

婚后，他们仍旧住在小金龙巷，萧红把家布置得很漂亮，桌布、花瓶、康乃馨。这时期她也不再抽烟、喝酒——有着重新开始新生活的意味。没有享受多久婚后的甜蜜，就因为日军轰炸武汉，他们陷入紧急大撤离中，关键时刻端木蕻良的胆小懦弱而又自私的个性展露无遗，他居然留下了大腹便便的萧红，一人前往重庆。萧红历经磨难到达重庆，端木蕻良连落脚的住所都没有预备。她几次搬家，最后无奈地住到江津友人白朗家中。1938年年底，萧红在白朗家生下一子，孩子不久即夭亡。

1939年1月，萧红回到重庆。冬，和端木蕻良搬到黄桷树镇上名秉庄，住在靳以楼下。

1940年1月，萧红随端木蕻良离开重庆飞抵香港。3月，萧红参加香港女校纪念三八劳军筹备委员会在坚道养中女子中学举行的座谈会。8月，萧红参加纪念鲁迅先生六十岁诞辰活动。

活动繁多，再加上自己身体虚弱，萧红病倒了。

1941年4月，萧红听从美国进步作家史沫特莱的建议到玛丽医院做全面检查，才发现患有肺结核。10月份住院打针治疗。因受医院冷遇，11月底萧红返回九龙家中养病。

1942年1月12日，因病情加重，萧红被送进医院，因庸医误诊而错动喉管手术，不能说话。

1月21日，玛丽医院由日军接管，萧红又被送进红十字会在圣提士反设立的临时医院。

1月22日，萧红在战火纷飞中，寂寞地离开了人间。

这个“一直就在挣扎之中过活”的女人走了。也许她心有不甘，也许她还心怀眷恋，但解脱对她来说，何尝不是一件幸事？

可怜的女人，一路好走！

悲哉文学洛神

在那种不幸的环境之中，可以看见一个女孩子坚强地离开了不幸，坚强的把自己的命运改变了。

31岁正值而立之年，也是人生事业最辉煌的时刻，可是萧红却匆匆地离开了人世，令人颇有一种“出师未捷身先死，长使英雄泪满襟”的悲叹。但是，就在她短暂的一生中，却留下了充满非凡才情的近百万字的作品。被誉为“30年代文学洛神”，被文学大师鲁迅称为“当今中国最有前途的女作家。”

在极短的一生中经历了人间太多的磨难和屈辱，是萧红的人生悲剧，这种人生悲剧也加强了她对于人生忧患意识的敏感性。这些又注定了她人生的沉重，萧红就是戴着人生枷锁在文坛游走的孤魂，所以在她的作品中，故事充满了极强的悲情色彩。无论是多轻松的话题，萧红所描述的都是那么悲凉。

这就是萧红独特的悲剧。

萧红以独特的视角在寂寞中忧郁地参悟着人生的生老病死、前世后世，她似乎是将浸透着个人身世之痛的悲剧感与生活中浮荡着的悲剧气氛交相融合，由此传达出广泛而深远的人生悲凉感。这种深沉的人生悲凉之感和鲁迅先生有着不可或缺的联系。萧红的导师鲁迅先生的观点是“真的猛士敢于直面淋漓的鲜血，敢于直面惨淡的人生”。在导师的影响下，萧红真的是敢于直面现实和人生，她的作品也因此有了鲁迅先生作品悲剧的味道。

尽管萧红在作品中执着言说生命的永恒悲凉，但她描述痛苦，而又超越痛苦，拿捏得十分准确。一方面她毫无避讳地表达出生命的悲剧意识，另一方面她又坚定不移地表现出对生命悲剧的抗争意志。虽然有时这种抗争是悲观的、阴差阳错的。但不能因此而放弃追求和抗争，这是萧红作品中表现出来的独具张力的人生哲学，从某种意义上说，这也是萧红作品悲剧的又一种苍凉之美。

比如，被茅盾称为是“一篇叙事诗，一幅多彩的风土画，一串凄婉的歌谣”的《呼兰河传》，它是萧红的代表作。萧红在文中写出了国民的麻木性，愚蠢、盲目，自欺欺人，揭露了人吃人社会的本质，同时也有对民众麻木态度的无情抨击。正是这种麻木，激起了萧红的悲哀。但在通篇悲哀中冯歪嘴子仿佛给了人们希望，冯歪嘴子默默地承受着命运的磨难，无声地抵抗着恶俗的压迫，又满怀希望地生活着，这无疑给人一种力量。冯歪嘴子与王家姑娘未婚有子，遭到周围所有人的攻击，人们怀着看热闹的心情想看他自杀，可是冯歪嘴子，没有上吊，也没有自刎，他要好好地活着，他用自己的方式照顾自己的家。尽管后来下场悲惨，但他依然用自己的方式卑微却又坚强地活下去。这是希望，是人生的希望，也是努力摆脱命运抗争的决心。这何尝不是萧红对悲剧意识的清醒认识：人生来都是悲哀的，但人要努力摆脱走出悲哀，因为我们要活着。

在那个悲哀的时代，萧红还是悲哀地走了。

悲哉！文学洛神。

多年后想起她来，也许戴望舒先生在其《萧红墓畔口占》说得对：

走六小时寂寞的长途
到你头边放一束红山茶
我等待着，长夜漫漫
你却卧听着海涛闲话

萧 红 档案

萧红（1911—1942年），原名张迺莹，著名女作家，1911年端午节出生于黑龙江省呼兰县一个地主家庭，幼年丧母。1927年在哈尔滨就读东省特别区区立第一女子中学，接触五四运动以来的进步思想和中外文学。1935年，在鲁迅的支持下，发表了成名作《生死场》。1936年，为摆脱精神上的苦恼东渡日本，并写下了散文《孤独的生活》，长篇组诗《砂粒》等。1940年与端木蕻良同抵香港，之后发表了中篇小说《马伯乐》和著名长篇小说《呼兰河传》。萧红被誉为“30年代文学洛神”。1941年生病住院。1942年在战火纷飞中，寂寞地离开了人间。

凌叔华：素兰清芬，赏之生出尘之逸气

她是有幽默的，最恬静最耐寻味的幽默，一种七弦琴的余韵，一种素兰在黄昏人静时微透的清芬。

乱世洪流中奔跑的云朵

我有个毛病，无论什么时候，说到幼年时代的事，觉得都很有意味，甚至记起自己穿木屐走路时掉了几回底子的平凡事，告诉朋友一遍又一遍都不嫌烦琐。怀恋着童年的美梦，对于一切儿童的喜乐与悲哀，都感到兴味与同情。

一位气质高雅的淑女，一位书画双绝的佳人。她让泰戈尔赞不绝口，她让徐志摩深信不疑，她让林徽因争风吃醋。她的人生并没有经历过波澜涟漪，却依然成了一段传奇。

凌叔华，用九十年的人生之路，让我们见识了那一代名门闺秀的美丽和哀愁。

1900年，旧历庚子年。

在这年，义和拳频繁行动。

在这年，各国公使照会清廷，要驻军。

在这年，八国联军兵临紫禁城下，慈禧太后携光绪皇帝仓皇出逃。

……

大清已垂垂暮年矣。

历史总在是是非非中前行，在熙熙攘攘中喧腾，却又会在某处悄无声息地尘埃落定。

在这年，京城史家胡同凌府降生了一名女娃。也许全家人都不会想到正是这名女娃会在若干年后的中国文艺界刮起一阵清新之风。她就是凌叔华。

凌叔华的降生并没有给这座豪宅带来多少喜悦和激动，这主要是由于她的父亲。

凌叔华的父亲是凌福彭。字仲桓，号润台，清咸丰六年（1856年）生，光绪二十一年进士。同榜的有康有为、胡思敬、曹汝霖等。授翰林院庶吉士，补户部主事，后历任天津知府、天津道、保定知府、顺天府尹，直至直隶布政使。仕途一帆风顺的凌福彭先后娶过四房夫人。凌叔华的生母排行第三。

凌叔华降生时已是家里的第十个孩子了。凌福彭见是个女儿，只是叹气，随口赐名“瑞棠”，不久又名“叔华”。凌老爷随口的赐名却一度在中国的文坛赫赫有名。

因为是第十个孩子，凌叔华也被称为“小十”。小十的母亲温文尔雅、贤良淑德，是中国传统女性的典范。母亲的优雅深深地影响到“小十”。可凌老爷却是个喜欢狂野的主，所以，“小十”母女并不受宠。在姐妹眼里，“小十”常常像一只“缩在角落的小猫”，安安静静，从不争闹。也许正是由于没有尘世的熙攘，让她可以得来内心的平静。

在那个时代，想要得到真正的平静似乎是一种奢侈。

凌叔华不到两岁，父亲凌福彭接守天津，任天津知府，受命筹建北洋工艺学堂，章程、选址、勘察地形、民房拆迁等。学堂开办时，凌福彭还要亲自招考学子。这个任务完成后，他又奉旨创办天津商务会所。因朝廷“新政”，凌福彭身兼数职，忙得无暇归家。所以，幼小的凌叔华跟着父亲辗转，却也难得见父亲一面。她的童年是在自我的思索中度过。

平静总有被打破的一天，也许是从那一年开始凌叔华的生活开始变得不一样了。

六岁的时候，凌叔华跟随母亲回了趟故乡——金鼎村。

金鼎村是个美丽的小岛，它北临长洲，南接新坑，西靠黄浦，是个依山傍水的好地方。这里曾是凌福彭读书的地方。

村子的后面是一片芭蕉林，前面是一片金色的沙滩，在这梦幻般的环境里，凌叔华内心的梦在萌发。

一天，小凌叔华和小伙伴们玩耍，不知怎的，她竟然躲到一只破船底下睡着了。在梦里，她看到满山的云朵从眼前飞过，她跑动的时候，云朵也会跟着奔跑。回家后，她把自己的梦境告诉了母亲。

中国人对梦境从来都是有讲究的，特别是那些妇女们。凌叔华的母亲询问后，得知那是齐天大圣要显灵了，必须到庙里去焚香祈福，否则就会有灾难降临。

带齐了纸钱香火，凌叔华在邻居四婆的带领下来到山上的三圣庙里。在四婆的指引下，凌叔华焚香磕头，并求庙祝书写“契女凌叔华根基百拜”的纸条挂在香案前。

不知是齐天大圣的庇佑，还是命运使然。这个地方从此给凌叔华留下了深刻的印象，芭蕉林、沙滩、果树、船儿、四婆、忘记名字的小伙伴，这些东西始终在她的脑海浮现，一幅幅的画面在她的眼前越来越清晰，而她自己却变得越来越迷离……

回到北京，她变得喜欢涂鸦，把自己脑海里的东西通过稚嫩的小手描绘出来。地面上、墙壁上、板面上，只要能看到的，她都会毫不客气地留下自己的“大作”。一段时间下来，家里被她弄得到处都是。

一个小女孩随处乱画，大人们看到，也许会训斥一番罢了。但命运的大手再次改变了凌叔华人生的航向。一天，她在花园的粉墙上涂鸦，父亲的一个朋友走过来，盯着她的画入了神。

“姑娘，这是你画的吗？”

“是呀！”稚嫩的声音，却是那样的爽达、直接。

“你是怎么想到的这些画面呢？”

“它们就在我的脑子里啊”

……

问话的这位朋友不是别人，正是凌福彭的好友、山水画家——

王竹林。王竹林赶忙找到凌福彭，告诉他：“你的女儿不简单，得好好培养啊！”。凌福彭一听也很惊讶，自己女儿的才能竟被别人发觉而自己却浑然不知，顿觉惭愧。随即决定让凌叔华拜到王竹林门下。

这片乱世中的云朵注定要高飞……

文画双绝的曼殊斐尔

书法是修身养性的佳径，眼手合一，意到笔随，整个身体都有一股气韵。

20世纪的女才子中，能文者，多矣，能画者，亦多矣，但若论文画双绝者，非凌叔华莫属。

从拜师王竹林学画开始，凌叔华又先后拜著名的女艺术家、慈禧太后宠爱的画师缪嘉蕙和女画家郝漱玉为师。

缪嘉蕙（1841—1918），字素筠，出生于昆明一书香世家。自幼习书画，由于勤奋好学，才华过人，年轻时缪嘉蕙便已在云南、四川一带小有名气。其作品笔墨清新、设色典雅、形神毕肖，尤以花鸟工笔画为佳；她也工小楷，字迹秀拔刚健，超凡脱俗。1889年，慈禧下诏各省选送女画家入宫，缪嘉蕙得以入选进宫，陪伴慈禧19年。

郝漱玉，又名碧漪。她小时候随父亲郝同篪入翰林院学画，曾与王竹人、齐白石、陈衡恪、陈半丁齐名，在中国画坛也是声名显赫。其曾任“直隶全省女学堂”总教习，兼理图画专科。她的扇画，多以蝇头小楷写宋词，“笔姿清秀，颇精妙，有丈夫气”。

名师出高徒。多位大师的调教，让凌叔华打下了坚实的绘画基础。她既善工笔，又善写意，墨迹淡远，秀韵入骨。凌叔华尤其善于画兰草、秋菊、秀竹、凌波仙子等，且往往是目色无邪、淡写轻描，简约、淡雅，却有真气周流、意味隽永之质。对此，曾被国内外的名家所称道。

美学家，文艺理论家朱光潜说：“凌叔华是一个继承元明诸大家的文人画师，在向往古典的规模法度之中，流露她所特有的清逸风怀和细致的敏感。她写画，轻描淡写，着墨不多，而传出来的意韵很隽永。她的取材大半是数千年来诗人心灵中荡漾涵泳的自然。”

法国传记作家、法国艺术学院院长莫洛亚说：“寥寥数笔，便活生生地画出一株幽兰，一茎木兰花，或一串苹果花的蓓蕾。”

凌叔华爱画画，善画画，她将绘画当作自己毕生的事业去追求。

大学刚毕业的时候，她的画就被送到日本参加东京的画展。出国后，她又先后在巴黎、伦敦、波士顿和新加坡等地多次举办个人画展。1962年，法国巴黎为了纪念已故院长、著名汉学家格洛肖特逝世十周年，塞禄斯基博物馆邀请凌叔华举办中国文人和她自己的画展。在这次画展上，她享受了最高规格的待遇。也正是在这次画展上，她不仅展示了自己的三十多幅画作，还展出她收藏的元明清三代大画家董其昌、倪瓒、陈老莲、恽南田、傅青主、石涛、李（鱼单）、郑板桥、金冬心、赵之谦等人的名作，在当时引起了极大轰动。《世界报》等知名媒体竞相报道。法兰西科学院著名院士、作家安德烈·莫罗瓦（Andre Maurois）也特地撰文介绍她的画。

快九十岁的时候，凌叔华还想着办画展，她想把自己收藏的东、西汉石拓画在美国展出，让外国人见见什么是中国的艺术……

如果说绘画是凌叔华一半的生命，那么另外一半的生命就是“文学”。

写作让她对文字的热爱欲罢不能。当她在天津直隶第一女子师范学校读书的时候，就已经显示出了卓越的写作才华，文采超然，引人注目。

1922年，凌叔华考入燕京大学预科，后又升入本科外文系，主修英文、法文和日文。在美丽的燕京校园，不仅有诗情洋溢的风景，更有才华横溢的大师。鲁迅、周作人……大师们对她的冲击犹如潮水一般，在激情的撞击下，她开始了自己的升华。她选听了周作人先生的《新文学》课程。

1924年1月13日，凌叔华在《晨报》副刊上，以“瑞唐”之名发表短篇小说处女作《女儿身世太凄凉》，接着又发表《资本家之圣诞》及杂感《朝雾中的哈大门大街》等。清新的语言深受年轻读者的欢迎，被评论家称为“文学界的一个新惊喜”。

此后，凌叔华的小说陆续在《现代评论》上发表。主要如《酒后》，塑造了一位敢于寻找自我主体价值的新女性。更重要的是丁西林又将它改编成剧本《酒后》。此类作品开始如雨后春笋般涌现，被称为“酒后派”。

凌叔华的小说，无论是与冯沅君、丁玲、白薇等追求个性解放的“新女性派”的创作相比，还是与冰心、苏雪林、庐隐等“闺秀”派作品相比，都有着明晰的特点，因而她又被人称为“新闺秀派”。

一个弱女子，连创文学两大派别，不可不为霸道。

1929年，凌叔华任教于武汉大学，主编《武汉文艺》。

1940年起，凌叔华又回到燕京大学，这次是任教。在此期间，她写了小说《花之寺》《女人》《小哥俩》，散文《爱山庐梦影》，以及用英文写成的带有自叙色彩的《古韵》。

在所有的作品中，凌叔华最擅长写女性，尤其擅长心理描写。因此，沈从文等把她与以细腻的笔法描写心理而闻名于世的英国女作家曼殊斐尔相提并论。徐志摩的评论更是直接："曼殊斐尔是个心理的写实派，她不仅写实，她简直是写真！随你怎样奥妙的、细微的、曲折的，有时刻薄的心理，她都有恰好的法子来表现；她手里擒住的不是一个个的字，是人的心灵变化真实，一点也错不了。"赞美之情溢于言表。苏雪林也这样赞赏她的作品："叔华女士文字淡雅幽丽秀韵天成，似乎与力量二字合拍不上，但她的文字仍然有力量，不过这力量是深蕴于内的，而且调子是平静的。她的作品幽深、娴静、温婉、细致，富有女性温柔的气质。”

后来，凌叔华出国，在新加坡南洋大学、加拿大等地继续教授中国近、现代文化。

临终时，凌叔华已丧失了语言能力，想在纸上留点什么，结果是一堆横横竖竖的线条。对于这些线条，有人说是字，也有人说是画。到底是什么？也许只有天知道。

凌叔华在文画方面的成就，可以用一句话概括为：素兰清芬，赏之生出尘之逸气。

坠落尘世的纳爱斯

> 在这麻木污恶的环境中，有一事还是告慰，想通伯已经跟你说了吧？适之，我们该好好谢你才是。……这原只是在生活上着了另一种色彩，或者有了安慰，有了同情与勉励，在艺术道路上扶了根拐杖，虽然要跌交也躲不了，不过心境少些恐惧而已。

浪漫主义情怀者的感情世界注定是不平静的。能文能画的凌叔华又何尝不是如此呢？她就像那坠落尘世的爱神纳爱斯，自由穿行于各男神之间，却又是那样游刃有余。

作为民国著名的社交名媛，凌大小姐的情感世界里主要有三人：丈夫陈源、地下情人朱利安、蓝颜知己徐志摩。

先说说她的丈夫陈源。

陈源（1896—1970），字通伯，笔名陈西滢，江苏无锡人，文学评论家、翻译家。1921年留学英国读中学，先后在爱丁堡大学、伦敦大学攻读政治经济学，1922年获博士学位。1922年回国后，任北京大学外文系教授。1924年在胡适的支持下，与徐志摩、王世杰等共创《现代评论》杂志，主编该刊《闲话》专栏，发表许多杂文，反对左翼文艺运动，曾被鲁迅多次抨击。

凌叔华和陈源的相识还要感谢泰戈尔。

泰戈尔（1861—1941），印度著名诗人、文学家、社会活动家、哲学家和印度民族主义者。他出生于印度加尔各答一个富有的贵族家庭。1913年，他以《吉檀迦利》成为第一位获得诺贝尔文学奖的亚洲人。其代表作有《吉檀迦利》《飞鸟集》《眼中沙》《四个人》《家庭与世界》《园丁集》《新月集》《最后的诗篇》《戈拉》《文明的危机》等。

1925年5月，泰戈尔访华。诺贝尔文学奖获得者来到中国，这对当时的文学界来说不亚于一颗原子弹的爆炸威力。接待更是不敢怠慢。负责接待的任务落到了当时北京大学教授兼英语系主任陈源的身上。

怎么招待这位史诗级的文学巨匠呢？

陈源和朋友们商量很久，决定搞一个与众不同的招待会，地方就定在凌家客厅。

这个凌家，就是凌叔华家。因此，凌叔华以女主人的身份主持了这场欢迎会。善于交际的凌叔华穿梭于名流之间，谈吐珠玑，风华绝代，瞬间倾倒了在场的很多男神，其中就包括陈源。

陈源看着凌叔华就像一只美丽的蝴蝶在花丛中穿梭，他的心儿跟着去了。整场的宴会，陈源的心思都在凌叔华这里，连泰戈尔也都变成了陪衬。当然，凌叔华对陈源的感觉也很不错。

此后，两人就开始了书信往来。他们谈文学、谈艺术、谈人生。

1926年6月，凌叔华从燕京大学外文系毕业，并任职于北京故宫博物院书法绘画部门。

7月，凌叔华和陈源喜结连理。凌福彭看着才华横溢的女儿嫁给了学富五车的才子，心中的喜悦之情难以言表，直接赠送女儿28间房子作为嫁妆！放到今时今日，也是大手笔啊！

陈、凌的结合成了中国现代文学史上的一段佳话。二人对于文艺有着一样的爱好：写作绘画、评文论艺。

1927年秋，凌叔华与丈夫同游日本。在这里，她研读了菊池宽、佐藤春夫、芥川龙之介、谷崎润一郎、夏目漱石的作品及日本艺术。

一九二六年凌叔华与陈西滢摄于新婚后

1929年，陈源赴任武汉大学文学院院长及外国文学系主任，凌叔华也随夫同行。在这里，凌叔华认识了在武大执教的另外两名女作家袁昌英和苏雪林。三人因性情相投，结为好友。因为其住在武昌的珞珈山上，三人被称为“珞珈林山三个文学朋友”，又称“珞珈三杰”。

在情感上看，两人志同道合；在行为上看，两人夫唱妇随。剧情如果照此发展下去，简直是让人羡慕的神仙眷侣。但神仙也有浩劫，且躲也躲不过去，这次，是凌叔华的情劫。

这情劫似乎又是天注定的。1935年，陈源聘请了一位青年才俊来武汉大学教书。正是这名青年才俊触发了凌叔华情劫按钮。他就是朱利安·贝尔。

朱利安·贝尔，是一位满腹才华和充满激情的青年诗人，时年27岁。他有着显赫的家世，其母亲是英国著名画家范奈莎·贝尔（Vannesa Bel），姨母是英国著名现代派女作家弗吉尼亚·伍尔芙（Vrigina Woolf）。

朱利安和凌叔华因共同的志趣相识，他们都钟情并擅长文学、绘画等艺术，交往也越来越频繁起来。越交往，这位才俊越被凌叔华所吸引，甚至到了神魂颠倒的地步。随后，朱利安对凌叔华展开猛烈的追求攻势。按说，此时已35岁的凌叔华不应被其所动，但最后她却偏偏还是爱上了这个毛头小子。至于原因，凌叔华从不曾向任何人透露过半句，就是在她的文字作品中也没有。

两人的交往到最后几乎成了圈内人所共知的事情，徐志摩在他的日记中曾写道："沙菲（凌叔华的笔名）和她的英国先生……"

但婚外情注定没有结果。最后，朱利安还是离开了凌叔华。他去了西班牙，去西班牙参加反佛朗哥法西斯政权的战争。结果，他永远地留在了那里。

朱利安生前还做了件对凌叔华影响深刻的事，就是介绍弗吉尼亚·伍尔芙和她认识。她们不断通信，两位天才的作家开始了跨境神交，这是文学上的良缘。

1941年伍尔芙不幸去世，凌叔华痛心不已。直到1947年，凌叔华才来到英国，来到她十分向往的伍尔芙的家乡。

每每回忆起伍尔芙，凌叔华总有说不完的话："我接受她的建议，开始用英文写自己的生平，写好一篇就寄一篇给她……""她告诉我'继续写下去，自由地写，不要顾忌英文里的中国味儿。事实上，我建议你在形式和意蕴上写得贴近中国。生活、房子、家具，凡你喜欢的，写得愈细愈好，只当是写给中国读者的。然后，再就英文文法稍加润色，我想一定可以既保持中国味道，又能使英国人觉得新奇、好懂。'"

除了丈夫和情人，还有一个男人始终在她心中萦绕，就是她的蓝颜知己徐志摩。

徐志摩是陈源的好友，但他和凌叔华的关系也非比寻常。徐志摩死后，徐志摩的父亲请凌叔华为徐志摩题一块碑文，凌叔华毫不犹豫地答应了。但当事人凌叔华却在各种场合一再否认她与徐志摩的情感。

否认并不代表没有，最直接的证据就是"八宝箱"事件。

1925年3月，徐志摩从北大辞职，去欧洲旅行。临行前，他把一个小提箱交凌叔华保管，并开玩笑说"如果我此去不复返，你要给我写传，材料都在箱子里。"箱子里装的是部分文稿，徐志摩的日记（《康桥日记》），还有陆小曼的两本日记。

将记载有与妻子、情人关系的极其私密的日记交给另外一个女人，并要她给自己写传，再次佐证了徐志摩和凌叔华关系绝对非同一般。

后来，凌叔华女儿陈小滢回忆说："母亲在弥留之际，一遍遍念叨的是诗人徐志摩的名字，而不是父亲陈源。"

真相，昭然若揭。

凌叔华和别的男人关系打得火热，绯闻也是尽人皆知，其夫佯装不知也是不可能的。但她却能恰当地平衡好丈夫和情人之间的关系，没有落得一世骂名。不得不说，凌叔华真乃奇女子也。

终回故土的流浪游子

我生在北京，尽管到西方已三十几年，我的心还留在中国。

我多想拥有四季。能回到北京，是多么幸运啊！

1946年，陈源被任命为国民党常驻联合国教科文组织代表。第二年，凌叔华带着女儿来欧洲和丈夫相聚。从此，在欧洲定居。

因历史原因，凌叔华只得客居海外，像流浪的游子。但行动上的限制并没有隔断她内心对祖国的眷恋。她爱祖国的大好河山，她爱祖国的灿烂文明。她在心里默念：有一天，我一定要回到祖国的怀抱里。

在客居的日子里，凌叔华念念不忘的就是祖国，她渴望祖国的统一和强大。在此过程中，她用自己的实际行动表明，她深爱着这片土地。1949年，中华人民共和国成立之初，祖国正是用人之际，海外的中国专家纷纷回到国内，但在此过程中遭到了各样阻挠。为了让著名地质学家李四光回到祖国大陆，凌叔华和丈夫伸出援手，积极帮助。

1970年3月29日，凌叔华的丈夫陈源因中风抢救无效死亡。对于他的逝世，英国《泰晤报》认为英国“丧失了一种与现代中国历史最重要的一段时期仅存的联系”。台湾当局也为陈源开了隆重的追悼会。按理，陈源的骨灰是应该运回台湾的，但凌叔华并不这么认为，她希望自己的丈夫能够“落叶归根”，于是，她将丈夫的骨灰安葬在了江苏无锡老家。

丈夫去世后，凌叔华更感孤独和寂寞。每日独自徘徊在异国他乡，凌叔华回国的愿望更加强烈。她时常会飞回北京观光、访友。在对友人的交谈中，凌叔华都表达出自己希望回国安度晚年的想法。

1986年，凌叔华患上了重症，后又摔伤了腰骨，再加上乳腺癌的困扰，频繁的伤痛和病魔的折磨让凌叔华痛苦不堪，但也在一定程度上加速了她要回国的决心。

1989年12月，凌叔华在女婿英国汉学家秦乃瑞的陪同下回到北京，住进石景山医院治疗伤病。

凌叔华回来了，她终于回来了，回到了这片离开三十余年，却曾不敢忘却的土地。

1990年3月25日，在医院里，凌叔华在亲朋好友、文艺界新闻界人士以及医护人员的祝福中度过自己90岁生日，鲜花、笑脸、寿礼、蛋糕、亲人、朋友这一切在她的脑海里不断盘旋。

4月，凌叔华的乳腺癌复发并转移。凌叔华陷入时而昏迷时而清醒的状态。清醒时，她会要到北海看白塔，到史家胡同看看旧居。

5月16日，凌叔华又一次从昏迷中醒过来。她向亲人和医护人员请求，希望能实现自己的愿望。征得医生同意后，由救护车陪护，她躺在担架上看到了北海的白塔。随后，她又回到了九十年前她出生的地方——史家胡同，只是如今已改建为幼儿园。幼儿园的孩子们已列队欢迎这位特殊的“老奶奶”。

1990年5月22日，凌叔华在北京逝世。她的离开就像她的性格一样，是那样的平和、宁静。

在凌叔华的追悼会上，社会团体及各界人士纷纷前来送行。中国外交部、中国人民对外友好协会、中国驻英国大使馆、英国驻中国大使馆、香港总督卫奕信爵士、英国驻中国大使、中国文学艺术界联合会、中国作家协会等都献了花圈。其生前好友邓颖超、冰心和巴金等各自献了以鲜花玫瑰和白菊编织的花篮。她的骨灰被安葬在无锡惠山脚下，与丈夫陈源合葬……

九十载春秋，凌叔华有自己激情、火热的青春，也有飘零的无奈和孤寂。如今，一切都结束了，可以说永别了，但她也给我们留下了永恒的精神财富……

凌叔华档案

凌叔华（1900—1990年），女，小名瑞棠。生于文化古城北京的一个仕宦与书画世家。1924年欢迎泰戈尔来华，认识丈夫陈源。1925年发表成名之作《酒后》。1926年6月她从燕京大学外文系毕业。1926年初秋结婚。1929年到武汉大学任教。1947年到伦敦，从此定居欧洲。1956年至1960年，应新加坡新创办的南洋大学之聘，担任该校中文系中国近代文学和新文学研究教授。1989年12月，凌叔华在女婿英国汉学家秦乃瑞的陪同下回到北京，住进石景山医院治疗伤病。1990年5月22日，凌叔华在北京逝世。

石评梅：凌寒俏丽的梅花尘梦

黯淡的天幕下，没有明月也无星光这宇宙像数千年的古墓；皑皑白骨上，飞动闪烁着惨绿的磷花。我匍匐哀泣于此残锈的铁栏之旁，愿烘我愤怒的心火，烧毁这黑暗丑恶的地狱之网。

一朵早早凋零的梅花

人生本来一梦，在当时兴致勃然，未尝不感到香馥温暖，繁华清丽。至于一枕凄凉，万象皆空的时候，什么是值得喜欢的事情，什么是值得流泪的事情？我们是生在世界上的，只好安于这种生活方式，悄悄地让岁月飞逝而去。

泅渡岁月的河流，思念源源不断，在夜的深处，你绰约的身影会穿过千层月色。留一地梅红傲雪，恍然间，似时光逆流，轮回的彼岸，朦胧的月光凄美了石评梅憔悴的容颜。一如美丽的烟花，摇曳后化作尘埃，而此时的你我，是否还能感知她的忧伤？

石评梅，那朵梅花的记忆。

石评梅，那高洁的性情，那坦诚的语言，那无惧的呼喊，那深沉的思考，正在唤起我们曾经的记忆……

1928年9月23日，北平协和医院脑科主任狄福斯博士收诊一名女病人，病人处于昏迷状态，嘴里似乎又念叨着什么，从陪同的人来看，这个病人又似乎非同一般，狄福斯博士扫了一眼病历，看到患者的名字：石评梅。

也许当时狄福斯根本不知道石评梅是谁。

诊断的结果是急性脑炎。

9月30日，医生没有挽留住石评梅的生命。

石评梅走了！

一代风流才女石评梅永远离开了我们！

石评梅带着无尽的爱与遗恨撒手人寰，却将优美无比的文字留在了人间。她的生命尚不满二十七岁，但她却有着成功的创作生涯。

逝世时，石评梅任北京师范大学附中的女子部主任。

这天清晨，天空阴沉，凝重的氛围令人难以呼吸。校长宣布：全校放假一天，以示哀悼，全体女同学，部分男生代表，到协和医院为石先生送行。

当石评梅的遗体入殓时，同学们放声大哭，他们不想让这位可爱的朋友离开，他们不想让这位尊敬的老师离开。

可谁也阻止不了石老师的离开，也许这就是命运使然。

上午十时许，石评梅的灵柩从医院出发，所到之处，皆哀声四起。忙碌的人们都会停下手里的活，静静地注视着这支送葬的队伍。也有很多人在听说死者是他们崇拜的女作家石评梅时，默默地跟在了送葬的队伍后面，跟着队伍前行，他们也想亲自送送这位给他们带来过灵魂洗礼的导师。于是，送葬的队伍人越来越多，越来越长。

灵柩从医院出发后，经帅府园，王府井大街，长安街，和平门，西河沿，下斜街，下午一点多才到达长寿寺停灵。

石评梅的灵柩在长寿寺停放期间，每天都有她的师友、学生、读者、甚至一些只听过她名字的陌生人前来吊唁。

10月13日，北师大附中的全体师生为石评梅开追悼会。

会场上庄严肃穆。花圈、花篮、挽联、挽幛，摆满了会场的四周。所有人都默默地站在会场上，天空中也是阴云密布，此刻，上苍是懂人心的。

石评梅的遗像被悬挂在正中央，上下各有一块横匾：天丧斯文、目洒秋风。

遗像的右上方，有一幅挽幛，题写着悼亡诗，是她生前好友庐隐的《哭评梅》：

昨夜冷月寒光里，
看你挣脱苦闷的人间；
那时众星低唱挽歌，
人间都沉入悲寂。
可怜我悄悄摔碎灵之琴轸，
唉！评梅！
除你更谁了解这凄调哀音！
记否白屋中的笑语？
记否星夜下的悲情？

这一切而今何堪回忆！

——美丽的蔷薇

已枯萎于秋风里！

唉！评梅！

英灵不泯当听见夜莑之悲泣！

庐隐等沉痛致悼词。会场上顿时打破了静默，有人开始轻声啜泣，继而哭声起伏不断。

最后，林砺儒先生主祭。他在《评梅的一生》中说道："……评梅只知道负责任，爱公共，而没有丝毫的自私自利之心，所以遇事情就不计较自己利害，更不会猜疑别人。她这样天真的性格，在学校当教员，是理想的好，而以此处世，就有点不足。尤其在现今中国的社会，到处人情都险诈万分，像她那样的人，自然要上当吃亏。石先生于体育之外，又喜文学，好作文章，在北京文坛上很负时誉。"

等主祭完毕后，林先生已泣不成声。

10月21日，世界日报社，女师大学生会，蔷薇社，无须社，绿波社，春明女校等社会团体，在女师大礼堂再次开追悼会，悼念评梅。

社会各界也以不同形式悼念这位年轻的风流才女。

12月1日，《世界日报》印发了蔷薇社编辑的《石评梅纪念刊》。共计15万多字。

其中，女师大学生会的祭文说：“……评梅每与校中同学，言及邦国颠危，则慷慨泪下，豪情壮思，殆沈云英、秦良玉之流亚欤？及四载毕业，主教于北平各中学，复以生花之笔，写哀时之痛，故读君之诗文者，识与不识，莫不慕君之为人，而推为女界杰出之秀也。”

在石评梅去世后，其作品曾由庐隐、陆晶清等友人编辑成《涛语》、《偶然草》两个集子，正式出版。

第二年10月2日，遵照石评梅生前遗愿，庐隐等人把她埋葬在陶然亭畔高君宇墓旁。

当日，石评梅的生前好友们及部分同学代表将评梅的灵柩从长寿寺移到北京陶然亭畔君宇墓右侧入葬。随同评梅灵柩陪葬的，还有她平时常用的钢笔一支、喜爱的图章六枚。石评梅和高君宇两墓并排，两碑并立。

石评梅与高君宇雕像

石评梅的墓碑的形状是一座四角白玉剑碑。正面用楷书刻写着——故北京师范大学附属中学校女教员石评梅先生之墓。

碑基正面，用篆书镌刻着四个大字——春风青冢。

墓碑上刻写着墓志全文：

石评梅先生，讳汝璧，前清光绪二十八年阴历八月十九日生于山西平定县。幼聪慧，长好文学，而常有致力教育以改造社会之志。民国十二年，卒业于北京女子高等师范体育系，任北京师范大学附属中学体育及国文教员、女子部学级主任，六年之间，劳绩卓著。著有《涛语》、《祷告》、《偶然草》数书行世。十七年九月二十九日，以脑病殁于协和医院，年二十有七，葬于北平宣武门外陶然亭畔。

晋东小才女

我愿燃烧我的肉身化成灰烬，我愿放浪我的热情怒涛汹涌，天呵！这蛇似的蜿蜒，蚕似的缠绵，就这样悄悄地偷去了我生命的青焰。

1902年9月20日，也就是光绪二十八年农历八月十九，山西桃河畔平定县城姑姑寺八号老石家传来阵阵婴儿的啼哭声。哦，原来是老石家添喜了，是个千金。

老石家，就是清末老举人石铭的家。

石铭（1856—1938），山西平定人。字鼎丞。清末举人，曾先后任山西文水、赵城县儒学教官，省立图书馆馆员，并在太原几所中学任国文教员。

老来得女的石铭满心欢喜。这个孩子一出生，他就亲切地称为“心珠”，也是心头肉、掌中珠的意思。“心珠”也就成了这个女孩子的乳名。为了给这个掌上明珠起一个响亮的名字，石铭翻遍了古典经籍，最后，确定为——汝璧。汝璧，一个雅致的名字。怎奈汝璧并不喜欢这个名字，若干年后，因喜爱梅花，其自取名曰：评梅。

石评梅自幼聪慧，睿智过人，再加上父亲的熏陶，展现出非同常人的一面。

两岁时，石评梅开始跟着父亲学习汉字，四岁时已能熟读三字经、千字文、唐诗百首等。稍稍长大后，她就开始涉猎五言七绝，四书五经，前朝后代，稗官野史等，只要是自己喜欢的，无不想方设法学到。父亲看在眼里，乐在心里。

其实，石铭也是一个思想开放，善于接受新事物的人，尽管他是在封建思想影响下的一代文人。辛亥革命后，石铭便剪掉辫子，来到山西省府太原做图书管理员和教书。当然，石评梅也随父来到了太原。

在省城求学的石评梅对知识更是如饥似渴，总感觉学也学不完。小学毕业后，石评梅就直接升入了山西省立女子师范。在这里，她努力学习，从不懈怠，各科成绩均为优秀。同时，琴棋书画、诗词歌赋毫不逊色，尤其是风琴演奏，更是小有名气。

那年，石评梅自己画了一幅《雪梅图》，并自己配诗云：

有梅无雪不精神，
有雪无诗俗了人。
日暮诗成天又雪，
与梅并做十分春。

诗画成后，引得多人观赏，皆曰此画立意不俗，彰显了梅花的风骨。因此，石评梅也被称为“晋东才女”，时年12岁。

后来，石评梅因参加女师学潮被山西省立女子师范开除，但学校当局爱惜其才学，决定给予一次改过自新的机会，就这样，学校又恢复了她的学籍。

然金麟岂是池中物，一遇风云便化龙。

1920年，机会来了，18岁的石评梅要进京求学，去看看外面世界的精彩。可是，她哪里知道，这一去，就踏上了人生的漫漫苦海。

石评梅乘打算到北京女子高等师范学校学习。

北京女子高等师范学校，是当时女子最高学府。其前身是光绪三十四年（1908年）创立的京师女子师范学堂。宣统元年（1909年）在宣武门内石驸马大街建校舍。1912年5月更名为北京女子师范学校，1919年4月改名为北京国立女子高等师范学校。

和石评梅同来北京的还有在北京大学读书的老乡吴天放。在吴天放的帮助下，石评梅找了旅馆，住了下来。

石评梅住在旅馆里等待考试的时间。她原本要报考北京女子高等师范学校的国文系，不料那一年女高师国文系不招生。石评梅很是失望，有了一丝放弃的念头，但是转而一想自己的国文根基比较厚实，以后自学也可以，不如先报考别的学科，倒还能多学些科学知识。她权衡自己的文体方面的兴趣、天赋，最后决定报考体育系。

等待发榜的日子，石评梅会时常出去走走，也会去北京大学看看吴天放。吴天放是她在北京唯一感到可以亲近、可以依靠的人。英俊潇洒、善于助人的吴天放，给石评梅留下了不错的印象。

并没有等待多长时间，录取通知就下来了，石评梅被录取了。这位晋东才女的寻梦之路真正开始了，前面的路到底会是什么样的呢?

被困心牢的青春

在人海尘途中，偶然逢见个像你的人，我停步凝视后，这颗心呵！便如秋风横扫落叶般冷森凄零！

石评梅开学的日子到了，吴天放要送她去学校，但她婉言拒绝了。她不想在一开学就给别人留下什么话柄，毕竟，英俊潇洒的吴天放也是会引人注意的。

石评梅的谢绝并没有隔断吴天放对于她的热情。

一次，吴天放邀请石评梅去公园游玩。吃饭的时候，吴天放从包里掏出一沓精美的信笺。石评梅接过来一看，每个信笺上都有一枝梅花，且形态各异，漂亮极了。梅花的旁边还印有“万花敢向雪中出，一树独先天下春”、“江南无所有，聊赠一枝梅”等古人咏梅诗句，并且信笺的下方还印着“评梅用笺”。

好用心的礼物，让石评梅顿时怦然心动。

其后，两人的谈话多与梅花有关。博学多才的吴天放侃侃而谈，从家国天下到风花雪月，从《诗经》到南宋范成大的《范村梅谱》，涉梅诗句，他都能够信手拈来，并且评析得颇为恰当。

“想不到您对梅花有着这么深的研究。”

“我喜欢梅！”

赤裸裸的表白，让石评梅顿时乱了方寸。她不知道该这么办才好，风流倜傥的才子谁都难拒绝。

吴天放是个有心的人。当在火车上看到石评梅手巾上的梅花时，他就猜定石评梅对梅花有着一种特殊的情感。于是，回到北京后，他就是开始搜集所有关于梅花的经典诗文。还专门跑印刷厂印制了这本“评梅用笺”。

心地纯洁善良的石评梅如何能逃离吴天放给她精心编制的“心之牢笼”。

其后，吴天放对石评梅展开了猛烈进攻。时而送送鲜花，时而情诗呈上，时而郊外玩耍，时而畅诉心肠。石评梅的心被彻底俘虏了。

男才女貌，石评梅似乎得到了女人想要的完美爱情。但事实总是会那么的残酷，那么的冷漠。

一日，石评梅要去听爱罗先珂的演讲——《女子与其使命》，因害怕耽误了和吴天放约会的时间，所以，她就提前来通知他。当她来到吴天放的公寓时，事情发生了变化。

此时，大门紧闭，门口只有一个小男孩在玩雪。

“小朋友，这是你家吗？”

“是啊，你找谁？”

“吴天放。”

“你找我爸爸做什么？”

“你爸爸？”

“是啊，他是我爸爸！”

晴天霹雳！

吴天放有家室，吴天放是个大骗子！

感情的背叛让石评梅感到屈辱，她要向吴天放讨要一个说法，她恨透了吴天放！

吴天放跪倒在石评梅的脚下乞求原谅，石评梅感到恶心，她要要回自己往日的情书，她要和这个负心汉一刀两断。卑劣的吴天放看乞求不行就改为了威胁：你要是不原谅，我就把你的情书在报上公开。

在吴天放软硬兼施下，石评梅妥协了。她在吴天放面前，是一个没有任何反抗能力的俘虏。“情感是个魔鬼，谁要落在他的手中，谁便立刻成了他的俘虏。”

后来，石评梅写下《疲倦的青春》：

缠不清的过去，

猜不透的将来？

一颗心！

他怎样找到怡静的地方？

是吴天放的背叛伤透了石评梅的心，她下定决心：这辈子绝不再恋爱，绝不结婚！

是吴天放毁了她的一生！

旷古烁今的倾城之恋

我踟蹰于垒垒荒冢，看遍了春花秋月不同的风景，抛弃了一切名利虚荣，来到此无人烟的旷野，哀吟缓行。我登了高岭，向云天苍茫的西方招魂，在绚烂的彩霞里，望见了我沉落的希望之陨星。

自从被吴天放伤害后，石评梅就紧闭感情的心门，牢牢的，死死的。尽管这位优秀的晋东才女身边不会缺少优质的男人，但她紧闭的心从未动摇。直到高君宇的出现。

高君宇（1896—1925），山西静乐（今娄烦县）人，笔名天辛，北大助教，石评梅父亲石铭的得意门生。15岁的时候，高君宇的父母为他包办婚姻，要他与大自己两岁的陌生女子结婚，高君宇坚决不从，最后离家出走。1916年，考进北京大学，是“五四运动”的骨干分子。1920年，他参加了李大钊在北京创建的共产主义小组，是中国共产党的“一大”代表，中共“二大”

的中央委员。

1921年，石评梅和高君宇相识在一次同乡会上。

在很早时候，石评梅就经常听父亲说起“高君宇”这个名字，得以相见，顿生崇拜之感；而高君宇得知眼前的女子是自己恩师的女儿，顿生亲切之感。两个优秀的年轻人忙送彼此诸多问候和祝福。宴会结束后，他们互留联络方式，以便以后交谈。

此后，他们开始了频繁的书信往来，感情也如同这往来的信纸一样渐次加厚，直到友谊变情愫。

虽然他们从未断绝书信来往，但他们却很少能见面。高君宇太忙了。他要组织马克思学说研究会，他要出席党的代表大会。1922年1月，高君宇又与张国焘、邓恩铭等作为中共代表赴苏参加共产国际召开的会议，为革命呕心沥血。

1923年中秋节，高君宇抄写刘禹锡的《陋室铭》赠予石评梅，石评梅便将其贴在墙上，每日观看，反复抚摸，仿佛这《陋室铭》就是高君宇本人。

此刻，他们都已坠入情网。这网让他们难以自拔。

10月，高君宇因劳成疾，在西山碧云寺疗养。期间，他采摘了一片红叶，并题诗赠予石评梅：“满园秋色关不住，一片红叶寄相思”。相思之情难以抑制，收到红叶后的石评梅悲喜交加。喜的是，高君宇的挂念，高君宇的相思，高君宇给予她的对爱情的美好和憧憬；悲的是，自己内心的恐惧，她害怕爱情的欺骗。矛盾的心情在石评梅心里汇聚，她痛苦，她不堪折磨。于是，带着满腹辛酸在红叶的背面写下：“枯萎的花篮不敢承受这片鲜红的叶儿。”，她又把红叶退了回去。

高君宇尊重石评梅，他尊重她的所有选择，哪怕这选择是拒绝。所以很快高君宇就给石评梅回信了：“退回的红叶收到了。……所以我仅通信而不去看你，也害怕这种感情的流露。红叶题诗，那是久已在一个灵魂中孕育的产儿。但是，朋友，请不要为红叶而存心，要了解是双方的，我至今不能使你更了解我，是我的错，但也有客观不允许的理由，这只好请你原谅了……”

很快，高君宇接到上级指示，要他以共产党员身份出席在广州召开的国民党“一大”，并参加帮助孙中山先生改组国民党的工作。

又一次的分离。但分离不能放缓高君宇对于石评梅的追求。

在高君宇看来，是自己的包办婚姻阻碍了对石评梅的追求，是这婚姻弱化了自己对石评梅追求的资格。于是，在1923年年底，高君宇给石评梅写信，说要与前妻离婚，全心全意来追求她。石评梅坚决反对，首先，自己被伤害的心门还没有打开；其次，这对高君宇的前妻是极不公平的。可高君宇却决心已定，“吾心已为venus之利剑穿贯，然我决不伏泣于此箭，将努力开辟一新生命。”

高君宇的坚决没有换来石评梅内心的松动和片刻的舒缓，反而更加让她更加自责：“我现在恨我自己，为什么去年不死，如今苦了自己，又陷溺了别人。”

1924年2月，因北洋军阀通缉，高君宇被迫逃亡天下。临行前，他冒险来到石评梅处辞行。为爱情，敢冒生命的险，这就是爱情的力量。

6月，高君宇回老家与妻子办理了离婚手续，并兴高采烈地将这一消息告诉石评梅。他说，我解脱了，我解脱了旧俗的枷锁，我们可以了无牵挂地在一起。可石评梅并不高兴，她只是回信说：“我们可以做以事业度过这一生的同志。”她对高君宇只有深深的歉意，她也为高君宇难过，她说：“从此后他真的孤身只影流落天涯，连这个礼教上应该敬爱的人都莫有了。”

万分凄怆的高君宇不放弃自己的努力，“我是有两个世界的，一个世界一切是属于你的，我是连灵魂都永禁的俘虏；在另一个世界里，我是不属于你，更不属于我自己，我只是历史使命的走卒。”

石评梅读后依然不为所动，在日记上写下“我终究对不住他！”

后来，很多好友来劝说，但石评梅仍不愿为他敞开自己的心扉。

10月，广州商团叛乱，作为孙中山的助手，高君宇参与指挥镇压叛乱，与叛军展开殊死搏杀。高君宇的汽车遭枪击，子弹洞穿了车窗，留下一堆玻璃碎片，所幸，他只是手受伤。为了庆祝自己的大难不死，高君宇跑去买了一对象牙戒指，一只自戴，一只寄给石评梅。

高君宇在信中说，“愿你承受了它。或许你不忍，再令它如红叶一样的命运吧。我尊重你的意愿，只希望用象牙戒指的洁白坚固，纪念我们的冰雪友情吧……”还说，“愿我们用‘白’来纪念这枯骨般死静的生命。”

这么多的话，只有一个目的，他希望石评梅接受这份礼物。石评梅接受了，把它戴在手上，直到生命的结束。

1925年3月4日，高君宇得了急性盲肠炎，住进了医院。石评梅前来看望，并希望高君宇能够理解自己独身的情愫。

高君宇紧紧抓住石评梅的手：“珠，放心。我原谅你，至死我也能了解你，我不原谅时我不会这样缠绵地爱你了。但是，珠！一颗心的盼赐，不是病和死换来的……我现在不希望得到你的怜恤同情，我只让你知道世界上有我是最敬爱你的……”

……

在高君宇的不懈努力下，石评梅的情愫似乎有所松动。因为她曾亲口告诉高君宇：“你若果能静心养病，我们的问题，当在你病好时解决。”

她松口了，她松口了！

高君宇接近胜利，胜利的曙光在招手。

然而！然而这一切如同梦境，瞬间消失。

3月5日，高君宇因手术后大出血不治身亡。时年29岁。

噩耗传来，石评梅绝望了，痛苦不已，数次昏厥。

石评梅在高君宇的墓前

石评梅倍感内疚，她憎恨自己的自私、懦弱和愚昧。为什么要辜负了高君宇的一片深情？为什么要对高君宇那般绝情？

高君宇的追悼会在北大礼堂举行，由赵士炎主持，李大钊、邓中夏、王若飞、邓颖超等出席或送了挽联。石评梅也送了挽联：“碧海青天无限路，更知何日重逢君。”

根据高君宇的遗愿，石评梅将其安葬在陶然亭畔，这里是他从事革命活动的地方，也是他们经常约会漫步的地方。下葬的时候，石评梅将自己的一幅照片放在了高君宇的坟墓里。

高君宇的墓碑上刻着：

我是宝剑，

我是火花。

我愿生如闪电之耀亮，

我愿死如彗星之迅忽。

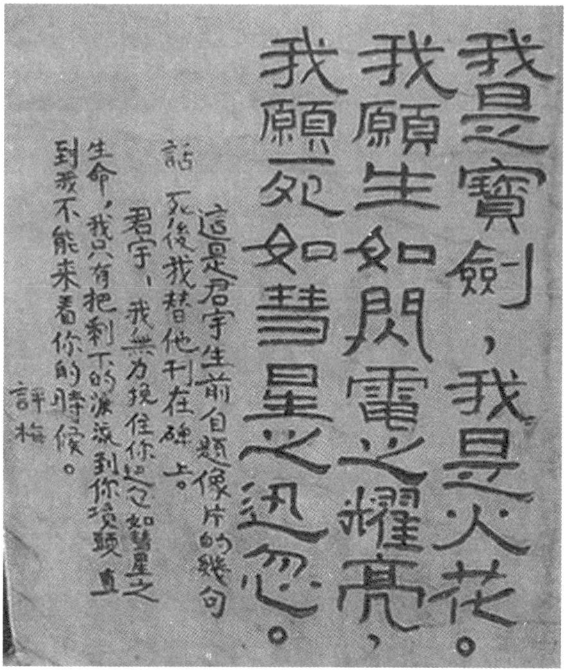

墓碑的另一侧写着：

君宇，我无力挽住你迅忽如彗星之生命，我只有把剩下的泪流到你坟头，直到我不能来看你的时候。

高君宇走了，带走了石评梅的情感和寄托。

从此以后，石评梅在感到孤寂凄苦时，常来哀悼君宇。她伏在君宇墓畔，时而对空哭诉，时而抱碑轻泣。她将满腔血泪凝作断肠文字，寄向泉下的高君宇。为此，她写下凄苦的《墓畔哀歌》："我爱，这一杯苦酒细细斟，邀残月与孤星和泪共饮，不管黄昏，不论夜深，醉卧在你墓碑傍，任霜露侵凌吧！我在不醒。"读来令人寸断肝肠。

三年后，石评梅因脑炎去世。朋友们遵照她的遗愿，将其安葬在高君宇墓旁，助其实现了"生前未能相依共处，愿死后并葬荒丘"。

陶然亭仍在，那凄楚还在回荡。

不信，你听……

石评梅与高君宇雕像

石评梅档案

石评梅（1902—1928年），中国近现代女作家、革命活动家，“民国四大才女”之一。原名汝璧，因爱慕梅花之俏丽坚贞，自取笔名石评梅。曾用笔名评梅女士、波微、漱雪、冰华、心珠、梦黛、林娜等。1902年出生于山西省平定县，1919年在北京女子高等师范学校就读时即热心于文学创作，1923年9月在《晨报副刊》连载长篇游记《模糊的余影》，1924年与挚友陆晶清编辑《京报副刊.妇女周刊》，1926年，继续与陆晶清合编《世界日报副刊.蔷薇周刊》，1928年9月30日因病逝世。石评梅一生中，创作了大量诗歌、散文、游记、小说，尤以诗歌见长，有“北京著名女诗人”之誉。作品大多以追求爱情、真理，渴望自由、光明为主题。小说创作以《红鬃马》、《匹马嘶风录》为代表。

孔令俊：天性泼辣的孔二小姐

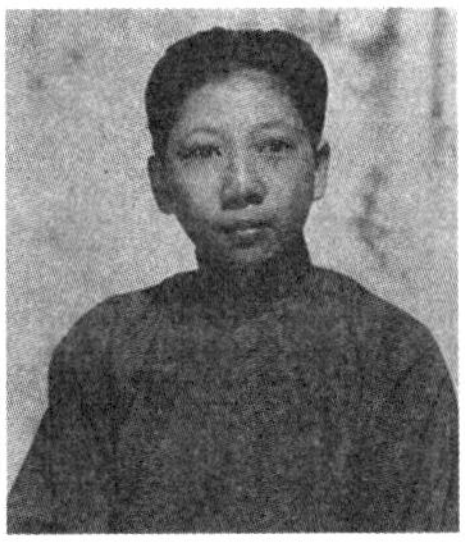

她不着女装，留大背头，或西装革履，礼帽歪戴；或商贾打扮，手持折扇，口叼雪茄，令人莫辨雌雄。有人称她为“混世魔女”。

少年女霸王

她从小便撒野成性，在学校最喜欢挑起同学打架斗殴，自己则作壁上观。10岁出头，她就学会射击，13岁即会开车。

她是女人，却不着女装，留背头，穿西装，歪戴礼帽；她是政客，却手摇折扇，口叼雪茄，一副商人模样，直到做至台湾圆山大饭店的总经理；她是混世魔女，疯狂飙车，还当众击毙警察……

她就是原民国财政部长、“四大家族”之一的孔祥熙、宋霭龄夫妇的二女儿，她也是“第一夫人”宋美龄的干女儿，她就是孔令俊。

孔令俊在孔家四个孩子中排行第三，也是孔家的二女儿，所以也被称作孔二小姐，尽管长相很秀气，出落得娇小可爱，但天性泼辣，内心狂野，自幼就爱打架斗殴，与男孩子结交朋友，作为文静、内敛、温柔等等这些女孩子本身应有的特质在她身上无处可寻。

由此我们便可以理解长成大人样子的她，却偏不好好地装束打扮，反却一头短发，扮成个男人模样，而且还喜欢演绎成各种装扮下的男士模样，究竟男女，难分难辨。

自古纨绔子弟大凡骄横跋扈，气焰嚣张，此女也非例外，而这也在于身为父母的孔祥熙和宋霭龄对她的娇宠，不管在什么地方，南京、重庆都霸道一方。对于孔家子弟，她的哥哥孔令侃，更也如此。

孔令俊的胆大妄为不是谁都能理解的，对于孔祥熙夫妇二人也曾多次让手下的秘书来教育孔令俊，但总是事与愿违，有一次秘书们竟被孔令俊骂得狗血喷头，最后开车绝尘而去，秘书们都担心起来，因为孔令俊虽然会开车，可平时哪里需要她来开，都是专门司机伺候着，所以她的开车经验有限，很容易出事。这次还真就捅了篓子，蛮横霸道的她根本不在意什么交通规则，违了规的孔令俊照样振振有词，和那警察大吵起来，一急之下掏出了枪就扣响了扳机，可怜那不认识孔二小姐的警察倒了霉运，在送往医院的路上因失血过多而死亡，最后还是她老子用钱磨平了这件事。自此都认为孔令俊会有所收敛，可她却依然如故，该怎么着还怎么着，最后南京的交通警察们没有人不敢不认识大名鼎鼎的孔二小姐，见了都躲着走。

抗日战争爆发之后，国民党政府西迁至重庆。当时的日军气焰嚣张，时常飞机炮弹的夜晚空袭，政府为了掩护，就实行了夜间的灯火管制，并且还连带着汽车行驶时不能开灯，还要限速。孔令俊正巧这天出门，回来时空袭警报拉响，顿时街上漆黑一片，而孔令俊的出现却如同一束将要照亮整个世界的光，从街上霎时扫过，交通警察看到后不禁惊呼，连忙前去阻止，可那孔二小姐哪管你三七二十一，直接一脚油门开过去，连忙躲闪，那警察被撞了个踉跄，一头栽倒在地。

当时的军统势力非常大，在其统治下有一稽查处在编制上地位不高，但实权却特别大，平头百姓甚至是一般资本家在他们那里根本就不算什么，任意欺负，随意使唤。不巧有一回遇上孔令俊，上演了一出闹剧，不过势均力敌，从此结下了梁子。

一天夜里，伸手不见五指，孔令俊开车出去办事，依旧一路疾驰，正巧前方涵洞路窄处遇上一对向来车，开着大灯，速度也是极快，两车相遇时由于都没有示意会车，最终两车的保险杠碰撞上了，当时双方都气得直咬牙，下车一看那人竟是稽查处处长陶一珊还有军统的总务处长沈醉，其实孔令俊这种目中无人的人是根本不认识他们两个的，孔令俊瞬时望过去，看到了陶一珊的领章，上面是少将军衔，其实对于一个小小处长能够得着少将军衔已经实在不易了，可见此人也算是上头的红人了，但对于孔令俊来说，哪管他少将中将的，大口骂道："你一个小小的少将而已，眼睛瞎了？"陶一珊正气不打一处来，顿时也气势汹汹。可后来转念一想，此人竟敢如此说话，看来来头不小，于是克制了一下，做出很不自然的表情说道："敢问您是？"只听孔令俊毫不客气地答道："你管我是谁，抓紧给我滚开，否则要你吃不了兜着走。"

这时候陶一珊才意识到原来这个穿着一身军官制服的人竟然是个女的，恍惚觉得好像是大名鼎鼎的孔二小姐，这时候正碰上重庆警察局局长唐毅，陶一珊正想上前寻个明白，可那局长白了他一眼，径直走到孔令俊的面前，很直接地敬了一个军礼，这时的陶一珊才如梦初醒，原来刚才没有避让的真就是这个女扮男装的女魔头，心想，这下可闯祸了。

不等孔令俊问话，唐毅就一五一十地向孔令俊解释起来，说道他们确实是有公务在身，才在不知情的情况下得罪到你，还向孔令俊介绍到陶一珊这个人。

孔令俊哪能听得进去，直接告诉唐毅说道，你回头带他到办公室找我。没过几天，二人携大礼来到孔令俊办公室赔礼道歉，此后这也成了整个军统中的一则大大的笑话，时不时被人提起，大家都笑得前仰后合。

孔令俊的作为总叫人恨得咬牙切齿，曾为了一点口角之争，与云南军阀三公子发生枪战，误伤到好多无辜老百姓，这成了当时的一大新闻。

记得那一日，阳光明媚，云淡风轻，孔二小姐一时兴起，也想体验一把当小姐的感觉，于是从头到脚修饰的清新靓丽，戴上了华美的首饰，着上了凹凸有致的旗袍，来到了中央公园感受美景，那一天正好是公休日，公园里人来人往，来来去去的行人都向孔令俊投去了羡艳的目光，着实叫一个少女心花怒放，激发出应有的少女情怀。

一路走过去，来到假山池沼旁边，突然不远处传来了一声很响的鬼怪油滑的呼哨，接着就是放荡的笑声传过来，孔令俊的两个随从都望过去，才发现是四五个公子哥模样的家伙向孔令俊抛着媚眼，还时不时向她做着飞吻的动作，孔令俊心想，肯定不知道你大爷我是什么来头，几个无赖，看我怎么收拾你们，想着发出一阵冷笑，一挥手叫两个随从跟过去，谁知道还没到跟前，那个穿皮夹克的就来了一句，“好漂亮的小妞啊！”顿时气的孔令俊两眼冒火星，飞身一脚过去就要踹，可那穿皮夹克的也不是个善茬，闪了一下就躲开了，又做了个向前匍匐的动作，一把抓住孔令俊的胳膊，一脸坏样地看着孔令俊，说道：“小妞有两下子，我喜欢。”两个随从看到孔令俊失势了，上去帮忙，和那皮夹克争执起来。

没等对方反应过来，气急败坏的孔令俊掏出手枪对准了皮夹克，原想这几个家伙会吓得屁滚尿流，跪地求饶，谁承想那皮夹克也掏出了一把盒子枪，霎时气坏孔令俊，幸亏那几个家伙逃得快，

“砰”一声打在了石头上，听到枪声，公园里游玩的人都疯狂乱窜，一阵骚乱，皮夹克那几个家伙躲到了假山后面与孔令俊展开了激烈地交战，来不及躲藏的行人有几个纷纷倒地，阵势非同寻常，一点也不亚于枪战片里的场景，后来惊动了宪兵队，来了一队人才平息了这场风波。

后来了解之后才知道了双方的底细，原来那个“皮夹克”是云南省主席，云南军阀龙云的三公子。

虽然事情过去了，但对于从小没受过任何委屈的孔令俊来说，心里面的那口气还是没出，于是就在她父母面前哭诉起来，从小就娇惯着她的孔祥熙和宋霭龄，当然心里面也压了一肚子的火，可嘴上只是很勉强地说要给自己的女儿出气，因为孔祥熙心里比谁都清楚，强龙压不过地头蛇，他不可能去训斥龙云，也不可能去蒋介石那里去告状，自国民党政府退守西南以来，掌握着云南军政大权的龙云被称为“云南王”，名义上归国民党领导，可实际上蒋介石不敢调一兵一卒，龙云说打谁就打谁，更何况交通要道滇缅公路也是孔祥熙走私必经之路，不管是蒋介石还是孔祥熙要想对龙云开刀，都得掂量掂量，要不让就是搬起石头砸自己的脚，偷鸡不成蚀把米。

事情过去一段时间，孔令俊已把视线转向其他的了，虽说提起来依然生气，可一想又是自己的先开的枪，所以慢慢地也不曾提起了。

孔二小姐的同性恋史

孔二小姐何时初恋？共有多少女人？可曾跟家里出柜？这些问题已统统不可考证，我们所知的是，她经常出入歌厅舞场搜索猎物，该出手时就出手，追欢逐爱，票子大把洒，美女大把抓。

孔令俊心理发展已经到了一种几近疯狂的地步，以至于扭曲变态，因为她有着太强的自尊心，从来都觉得有太多太多的不公平的事。为什么有那么多事只可以男人做，女人不能做，她心里极不平衡，所以她也想像男人那样，嫖女人，而这种想法越来越严重，越来越想找到一种平衡，在无人引导的情况下，以至于最后发展成同性恋，经常还在嘴里念叨着男人没有一个好东西，都该死光光，还说到女人也都贱得不行，给那么几个臭钱就出卖自己的肉体，这世间究竟还有没有真爱。

孔令俊的男人角色扮演的分外逼真，从最基本的着装，到后来学着骑马，射箭，打枪，以至于到最后的言谈举止都入木三分，后来慢慢地有机会结交了四川军阀范绍增的老婆邓某和重庆办事处处长夫人葛某，与其卿卿我我，如胶似漆的混在一起，弄得沸沸扬扬。她们还会无所顾忌地出入于大小厅堂，叫人看到极不舒服，再到后来邓某不幸病逝，她干脆和葛某同居，形影不离，俨然夫妇。一个“葛太太”还不够，她竟然还学着旧中国男人传统的做法纳妾，这样她依然不能算完，男人的花天酒地还想来个淋漓尽致，于是她还经常出入于舞厅酒吧，但凡遇到漂亮的女孩子，她就想方设法的去接近人家，以至于很多女孩都被她包养过，有一次遇见一位特别让她动心的陆小姐，就费劲了心机，最终二人媾和在一起，情意绵绵，让那些不知道的人羡慕不已，但是好景不长，年轻的陆小姐毕竟知道她是女人，心想这样一直与一个女人媾和在一起终究会是不清不楚，反省过来就想着离开，可谁知道叫孔令俊一巴掌打的眼冒金星，说道：“我这里岂是你想来就来想走便走的地方，老实给我待着吧！”说完甩门而走，叫人把守着，无奈的陆小姐只得忍受着她的折磨，强颜欢笑，慢慢地她又找到了新的，陆小姐才得以有机会逃脱。

对于孔令俊来说日子就这么过得有滋有味，随着自己的性子迷乱而不知归途，可身为父母的孔祥熙和宋霭龄早已对女儿的前途感到迷茫，虽然平时不怎么关心她的生活，可外面的传言也不可能不让他们知道，其实女儿的所作所为都让他们父母二人感到很无力，都是自己从小惯出来的，所以他们一直想着不行就给她弄一个学历，女孩子没有学历总归是不行的，有个学历将来也好有个出路。

可对于孔令俊这样的“女汉子”来说，天性活泼好动，又加上后来学男人的各种不良嗜好，哪里还能进得了学堂。正愁没有法子的时候，正好宋霭龄曾经的关系，在上海的圣约翰大学里的美国来的教授武道讲学到了重庆，宋霭龄刻意设宴款待这位教授，在席间向武道道出了自己的目的，并且她想给自己的女儿整一个圣约翰大学的学历，保证会出一笔不菲的报酬，身为在中国求学多年的教授武道早已深知中国人的规矩，以及官场的风险，所以左右权衡了一下，觉得还可以捞上一笔，就痛快地答应了，并且和宋霭龄共同选了不少青年学者被特聘为圣约翰的特邀教授，分别来教授孔令俊。

孔祥熙与宋霭龄的早年合影

孔令俊一开始还觉得有意思，没学几个字就和那几个青年才俊聊起来，后来根本书也不翻，直接跷着二郎腿边抽烟边聊天，那几个青年看这样子也甚是轻松起来，因为他们的工资比在一般学校教书工资高出来不少，所以自然心里自在多了。

有一次正聊得开心，宋霭龄走过来苦口婆心地说你还是用点心吧，孔令俊说何必弄个圣约翰的文凭，这么麻烦，随便去哪个学校盖个章就可以了，宋霭龄说圣约翰大学的文凭有分量，到时候可以去美国。

一听到去美国，孔令俊又兴奋起来，之前就听姐姐，哥哥说美国有多么多么的好，所以就想着抓紧弄到文凭，到美国溜一圈去，就这样一年过去了，孔令俊顺利拿到了文凭。

终究女子需嫁为人妇

也不撒泡尿照照，就想采访我？回去告诉你们社长，叫他直接来找我，否则别怪我不客气！

就这样孔令俊的文凭问题得到解决了，但紧接着问题又来了，下一步该怎么办，对于孔令俊自身来说总觉得自己还是小孩子，什么事还是由着自己的性子来，可身为父母的孔祥熙和宋霭龄早已为她考虑起婚事问题，对于这样一个家庭的二小姐，能够门当户对，最主要的是能让孔祥熙看上的还真的是不好找，而且绝大多数的都基本上是图孔祥熙的金钱和地位，多少人都巴巴地望着呢。按说还是可以找到如意的，可不成想孔令俊的姐姐、哥哥找的都不尽人意，叫孔祥熙夫妇懊悔了好多年，心想着到了孔令俊身上，一定要找个满意的。从开始张罗，前来说亲的就络绎不绝，可这么长时间以来没有一个叫孔祥熙看上的，后来陈立夫给他提了一个人，倒叫孔祥熙上了心，这人就是被称为“西北王”的胡宗南。

说起胡宗南要从他的最初开始，谁也不会想到这人最初是一名小学教师，在自己得家乡浙江孝丰，每天过着平淡无奇的生活，后发愤图强跑到广州考上了黄埔军校，成了黄埔军校第一批学生，此人八面玲珑，能说会道，左右逢源，而且头脑好使，反应快，后参加过北伐战争，积累了一定的作战经验，很快就混上了军长，而不久就胜任为第八战区副司令长官，直接管辖下属的29、37、38好几个集团军，后也是第一个被蒋介石授予陆军三星上将的军官，所以足见其实力不薄。

我们再来说说这个西北王的情感历史，那是他做教师的时候，虽说只是乡村的一名小小的教师，但对于这样一个穷乡僻壤的地方来说，胡宗南的身份也叫普普通通的老百姓觉得是很不错的职业和营生了，所以免不得有不少姑娘看上他，再加上胡宗南这人机灵，脑子好使，会说话，没多久就娶了农村里的一个漂亮小媳妇，这女人倒也识趣，为胡宗南洗衣做饭，没有半句怨言。

可自古以来像陈世美这样的人物，大有人在，胡宗南也顺应了历史的潮流，有了权，有了钱，有了地位就直接抛弃了当年的糟糠之妻。从此过上了灯红酒绿，纸醉金迷的生活，到一个地方就风流一把，已不惑之年仍单身一人。

其实对于孔令俊来说，尽管自己学着男人，做着男人的事，但骨子里仍然有一颗女人的心，抛开她内心强烈的自尊心，和心中的不平衡感，她也渴望得到异性的关怀和爱，当得知胡宗南的光辉历史的时候，孔令俊颇有些动心，曾经觉得天下男人没有一个入她的眼，但现在也许是年龄大了，成熟了，想法不一样了，也因为胡宗南这个人有志向，蒋介石对他也颇为欣赏，于是便痛快地答应了这件事。

陈立夫作为中间人告知胡宗南的时候，把他乐坏了，能和当时中国最大的财主孔祥熙攀上亲，再加上孔祥熙作为蒋介石的连襟，地位非比寻常，当然宋霭龄也是个厉害人物，成了这门亲，肯定日后能得到更大的发展和提升，最主要是官能做到很稳。胡宗南得意的劲持续了很长时间，可事与愿违，不久就有人来告知胡宗南，说孔令俊曾经的不光彩，包括性格乖戾，同性恋的各种传闻，还劝他一定要三思而行，别到最后丢了媳妇又折兵。

胡宗南知道后，觉得甚是可惜，多好的机会，多好的姻缘，一时难以抉择，后来仔细想了想，还是算了，对于普通女子来说性格强点，习惯坏点倒也没啥，收拾收拾就好了，可此女子不是寻常人物，惹不起啊，到时候真被弄成个“妻管严”，传出去不就威严扫地了吗，还叫我以后咋在军队里混啊，我也是有头有脸的人物啊，这样盘算来盘算去，最终还是决定放弃，但他也深知就算放弃，也得想个合适的办法推辞掉，否则得罪了“财神爷”可就是得不偿失了。

心里盘算好以后，胡宗南决定还是想个办法先让孔令俊来一趟西安，探探虚实再做打算，

于是以自己军务繁忙为由，也以邀请孔二小姐来重庆游玩为借口，通过陈立夫去传达了自己的意思。

孔令俊知道要让自己去西安，也没什么不乐意，她心想着就当是出去旅游了，顺便相个亲，于是就风尘仆仆地赶到了西安，被安排到蒋介石在西安的住处临潼华清池，谁承想这一住好几天没有任何相亲的迹象，连胡宗南的影子都没见到，孔令俊纳闷得很，正摸不清头绪的时候有人来通报说他们的胡司令有紧急要务在身，得忙几天才能来相见，不过还讲到有记者来访，要采访孔二小姐，孔令俊觉得无聊，来个人说说话也是好的，就欣然应允了。

第二天记者来了，她哪里知道这记者就是胡宗南，这是胡宗南设计好的计策，想着通过这样的见面先摸摸孔令俊的底，只见胡宗南挎着相机，一身西装，还伪装着在嘴上粘上了一撮胡子。

胡宗南被引进客厅之后，孔令俊上下打量一番之后用一种生硬

的口气问道："找我干什么？"

胡宗南脸色难看地答道："想请教孔二小姐几个问题，可以吗？"

"你一个小小的记者还想问我问题，也不撒泡尿照照，你那德行，还想采访我？叫你们社长来，否则我什么也不会说。"孔令俊毫不客气地说。

胡宗南顿时怒火冲天，不过想了想最终还是赔了笑脸，说道："孔二小姐大人有大量，我只是接到命令负责来拍几张照片。"

孔令俊"哼"了一声，"我的一张照片价值十万，你拍得起吗？快滚吧！"

最后胡宗南被整的下不来台，就灰溜溜地出来了，刚出来正门就把相机摔得粉碎，口里骂道："真是个婊子，跟我耍什么横！"就这样孔令俊的形象在胡宗南眼里彻底暴露了，粗俗，无教养，似男非女，臭架子不小，胡宗南心想必须想个办法打发她走，了结这件事。

于是胡宗南以前线军情紧张为由再次离开，孔令俊知道后最后一点耐心也耗尽了，就气冲冲地回去了，就这样陈立夫极力撮合的一桩好事到最后不了了之，更别提什么婚姻了。

从那以后孔令俊彻底对婚姻丧失了信心，再也不操心此事了，而是学起了武则天，想着女人要是想成大事就必须抛弃儿女情长。

弄权干政学武周

蒋氏王朝的失势，是其一生的重大转折。先随父母去美国，后留在台湾，陪伴宠爱她一辈子的三姨兼干妈。

世间事有时真的叫人没法琢磨，孔令俊虽另类，但却让宋美龄喜欢的不行，从她婚姻失败后，宋美龄就认了孔令俊为干女儿。

她还当着自己母亲还有宋美龄的面，口口声声说自己要终身不嫁，要在政治上有所作为，孔祥熙也甚是无奈，只好通过自己的关系给孔令俊各种干政的机会，慢慢地孔令俊通过种种关系在当时的政治上，可谓叱咤风云，有时连自己老子甚至是蒋介石的事都要管上一管。

宋美龄和孔令俊（右）

就这样，直到1945年，孔祥熙大势已去，当时宋美龄把她送到了美国，想让她在美国多结识一些重要人物，好为以后在美国生活下来打基础，可孔令俊偏偏在不久后又回到台湾，回到了宋美龄的身边。

1975年，蒋介石去世，孔令俊搀扶着宋美龄来到了灵堂前。宋美龄去了美国，而人们都认为孔令俊也会随之而去，可她选择了留下，要知道，在台湾她已经没有一个亲人，姐姐哥哥都去了美国，最叫人不可思议的是她留下来竟做了圆山大饭店的总经理。

圆山饭店是台湾真正意义上的国宾馆，总资产达23亿，豪华，上档次，是经常举办国宴，招待外国使团的地方。

后来传言说圆山饭店里藏匿着故宫博物院里的稀世珍宝，说孔令俊想把这些珍宝偷偷运出境，不过后来通过有人举报，搜查的结果是一无所获，但人们还是怀疑，可究竟是什么情况就叫人不得而知了。

就这样孔令俊一直过着深居简出的生活，一直到她最终病逝。

孔令俊档案

孔令俊（1919—1994年），又名孔令伟，原民国行政院长、财政部长孔祥熙、宋霭龄夫妇的次女，人称“孔二小姐”。圆山大饭店总经理。以其长期在宋美龄身边的特殊地位，以及长期的男性化装束而著称。终身未婚。1994年，孔令俊因直肠癌在台北去世，年75岁，尸体进行防腐后运往美国安葬。

郭婉莹：洗净铅华，依然保持内心的宁静

有忍有仁，大家闺秀犹在。

花开花落，金枝玉叶不败。

没见过雪的中国小姑娘

“你努力了吗？”这句话一直深深地映在我脑海里，它让我感受了失败的痛苦，也让我品尝到成功的喜悦，它已经成为我审视自身行为的重要标尺。

“她曾经锦衣玉食，应有尽有。时代变迁，所有荣华富贵随风而逝，她经历了丧偶、劳改、受羞辱打骂、一贫如洗……但30多年的磨难并没有使她心怀怨恨，大起大落的人生也没有打倒她，她依然美丽、优雅、乐观，始终保持着自尊和骄傲。她倔强地听从自己内心的声音，顽强地坚持自己独立的精神。”陈丹燕这样描述她的一生。可这个女人身上坚韧的品质怎么是能用文字所能倾尽的呢？

郭婉莹，这上海最后的贵族女子，这上海的金枝玉叶，正慢慢向我们走来……

1909年，一个中国小女孩在澳大利亚最美丽的城市悉尼出生，她叫戴西（Daisy）。

戴西是在一所带着花园的大宅里长大的，她的童年快乐而温馨。在这里，她和哥哥一起玩耍，一起成长，长成漂亮的小姑娘。她娇柔的眼神、光滑的额头、粉嫩的脸颊、白藕般的手臂，再配上精致的白色蕾丝裙子、软底的小白鞋，宛如一个纯洁的小天使。小天使在六岁时，生活突然发生了转变。

那年，孙中山邀请戴西的父亲郭标回国创业。于是，郭标和兄弟郭杰及全家一同回到上海创办了当时上海最新潮的百货公司：永安公司。年幼的戴西也跟着家族回到了她陌生而神秘的中国。

回国后，全家就住在永安公司对面的东亚酒店里，那是她妈妈的家族——马家的产业，马家当时已经在上海开了先施百货公司。南京路上这些华人资本家大百货公司的开张，标志着华人资本在上海的成熟。

每到周末，戴西就会跟着母亲去天主教堂祷告。每次来教堂，父亲郭标就会给每个孩子一块大洋，让他们自己投到奉献箱里，培养他们的仁爱思想。但哥哥沃利却教会了她用半个大洋去买一个冰激凌筒吃，然后再把找下来的半块大洋丢到奉献箱里。

有时候，无事可做的戴西也会默默地看着窗外，也许她的脑子里在幻想着自己的世界。一天，她突然发现酒店的窗外纷纷扬扬地飘起了白色的飞沫，她很好奇，于是打开窗户，伸手接了一些。她要拿去给妈妈看。当她把手打开的时候，却发现除了水滴没有别的，她就急着跟妈妈解释。妈妈笑着告诉她，那晶莹的小花就是雪。

雪，从小生活在澳大利亚的戴西从未见过雪。神奇的大自然让她着迷。她静静地趴在窗前目不转睛地看着这些小精灵纷纷飘落，慢慢覆盖路面、房屋，覆盖整座城市。

郭婉莹一家

父亲的永安公司生意越来越好，她们的生活也越来越富有。父亲从瑞典人手里买来了一栋很美很大的西式洋房，这里有花园，有泳池，有娱乐场。在这里，父亲陪她们在花园种花、浇水、除草。

戴西的生活，温馨而幸福。

20世纪初的中国并不太平。戴西也就没有多少外出的机会，也没有和小伙伴们太多交往的机会。可能交往最多的就是宋子文一家。宋子文经常在郭家吃饭，所以，孩子有了多一些交流的机会。

生性活泼的戴西忍受不了孤单的生活，她开始向往学校，向往和众多的孩子在一起。

1920年，戴西入读当时上海最负盛名的新式学校——中西女塾。

中西女塾，由美国基督教监理会创办于1892年，旧址设在今黄浦区汉口路西藏中路口。创办人是美国卫理会驻沪传教士林乐知，首任校长是海淑德。中西女中是近代上海最著名的女子学校。国母宋庆龄和中华民国的第一夫人宋美龄都是从这里毕业的。

在这座学校，收费昂贵、管理严格。宿舍里六英尺长、四点五英尺宽的小床都必须用白色被褥，每个学生必须把自己的小床整理得一丝不苟。一进学校大门，不管你的家里有多富裕，地位多尊贵，都必须除去所有艳丽珍贵的服饰和珠宝，否则，就作为捐赠被学校充公。在学校里的一举一动，都要按照校规，比如要是在走廊里停下说话，必须让到一边。

中西女塾的校训是成长、爱人、生活，它的教育是美国式的，重视体育，英文，音乐，用全套美国课本上课。它的风格是贵族化的，教会学生怎样做出色的沙龙和晚会的女主人，早餐有中式的肉松和西式的黄油，学生客厅里有沙发、地毯和留声机；并且要秀外慧中，有严格的教养和坚强的性格。它对学生的许诺，是要让她们一生年轻和愉悦地生活。

在这所贵族学校里，戴西不仅学会了音乐、科学，阅读了许多图书馆里的英文书报、培养了终生对体育运动的爱好，还学会了如何做个称职的女主人。

在学校里，她几乎是最快乐的一个孩子，聪明又美貌。

当然，在这里，她也收获了自己的名字。一天，一位要好的同学为她拿来了当时走红的作家谢婉莹的名字来做戴西的名字，她才算有了一个正式的中国名字——郭婉莹。后来，她在北京见到作家冰心的时候，冰心说："你与我同名。"她就对冰心说起了名字的由来。

郭婉莹的童年是富裕而明亮的。也许单纯明亮的童年才是最有品质的人生，正是年少时的荣光指引郭婉莹在苦难面前从未低头、坦然前行。

玻璃丝袜的婚姻我不要

他曾送我一双美国玻璃丝袜，并说这袜子真结实，穿一年都不坏。不，我不能嫁给一个会和我谈丝袜结实不结实的男人。No fun。

1928年，郭婉莹从中西女塾毕业。摆在她面前的有两条路：成家和留学。郭婉莹希望和很多同学那样出国留学，但她的父亲郭标却不这么认为，他认为一个女孩子留学没有什么好处，还是规规矩矩地成家比较好。就这样，在父亲的威逼利诱下，郭婉莹被迫与一个叫艾尔伯德的富家子弟订婚。

艾尔伯德的父亲和郭婉莹的父亲是世交，门当户对，似乎是一对好姻缘。

郭婉莹内心反感。急于解脱的她在北京发现了燕京大学，于是，她决定继续求学。

那年冬天放假，艾尔伯德从美国回来，来接郭婉莹回家。郭婉莹不理会，因为她根本不喜欢艾尔伯德，她只想要自由的生活。

愤怒的艾尔伯德举起枪，说要杀了她。

郭婉莹毫无畏惧，大声说："你不杀我，我不愿意和你结婚，你要是杀了我，我也不会和你结婚，因为我再也不能和你结婚了。"

见威胁不成，艾尔伯德要自杀，郭婉莹怒斥道："现在你好好地回家去，只是不和我这样一个人结婚，要是你杀了你自己，你就永远不能结婚，连整个生活都没有了。"

这样，她推掉了自己第一个婚约。

多年后，回忆起艾尔伯德的事。郭婉莹说："他曾送我一双美国玻璃丝袜，并说这袜子真结实，穿一年都不坏。不，我不能嫁给一个会和我谈丝袜结实不结实的男人。No fun。"

郭婉莹像一个背叛的少年，抛弃了生活悠闲的少奶奶的生活，而向自己的人生道路寻觅。

在大学期间，这个从上海自身来到北京的富家小姐，对儿童心理学发生了兴趣。她顺利考取了燕京大学心理学系，并从北京带回来了燕京大学毕业证书和理学学士学位证书。

大学毕业后，25岁的她嫁给了清华大学毕业的吴毓骧。

吴毓骧是“民族英雄”林则徐家的后代，吴毓骧母亲的奶奶，是林则徐的女儿，他出生时，他家已经姓了吴，是清寒的书香门第了。如果从门户来看，当时的吴毓骧却是高攀了郭家四小姐。

吴毓骧十九岁的时候就考上庚子赔款的公费留学生，在清华大学的留美预备部读书时，北京爆发了“五四”学生运动，吴毓骧就跟着清华大学的队伍天天去游行，直到被抓进警察局关了起来。政府觉得他们这些公费生有些忘恩负义，且担心他们在北京只会闹事，于是提前送这班学生去了美国。吴毓骧被送到麻省理工学院，主修电机工程，辅修工商管理。

吴毓骧真的像政府所期望的那样，到了美国就忘记了政治。也许他当时跟去游行根本是为了新鲜有趣，而不是政治觉悟。他在麻省理工学院毕业的时候，成了一个不但对一切新鲜流行花样无师自通，而且可以玩得锦上添花的大师，他把自己培养成一个极其有趣的风流倜傥的人。

至少，在郭婉莹和吴毓骧走在一起的时候，两个人对婚姻还是有着深深的期望的。特别是郭婉莹。

待嫁的郭婉莹内心充满了兴奋和期许，她渴望这次婚姻，渴望自由的婚姻。兴奋的郭婉莹在婚礼的半年前就开始着手准备了。

郭婉莹当时婚礼穿的婚纱

她忙着准备礼服、采购物品、订购家具、布置新居。一切事情准备完毕时，郭婉莹整个人都消瘦了许多。盛大的订婚典礼如期举行，郭家摆了几百张桌子大宴宾客，庆祝美丽富有的小姐即将嫁为人妇。婚纱照中的郭婉莹皮肤白皙，长长的眼睛优雅地扬着，眼中流露出欣赏和喜悦的神情，礼服的贴身裁剪衬出了她的凹凸有致的身段，就像童话中的公主。

婚后的女主人很快适应了这里的一切，做早餐、操持家务。这一切都是她在中西女塾学来的。

对此，郭婉莹曾在自己的文章里写下她婚后第一次给丈夫做早餐的情形：

自从我们订婚到结婚的六个月里，我一直忙着准备我们的新家，那么多事需要我去做，要订做家具，买一些现成的，还有盲窗上的厚帘子，床上用的亚麻布床单，地毯，厨房用具，瓷器，当然还有要找到可靠的仆人。一个客人名单必须要列出来，发出邀请，还有我自己的衣服，最重要的是我的婚礼礼服。为了这些事，当然我落了磅，到我觉得所有的事都安排停当的时候，我只剩下八十八磅了。

婚礼的前夜，我突然意识到明天我们得在一起吃早餐了。我一点也不知道我丈夫的饮食习惯，我们在一起吃过午餐和晚餐，在一起喝过茶，但从没在一起吃过早餐，而且我发现我们也从来没在一起商量过这件事。“那么，”我想，“我得准备一下。我不能让他发现我是一个无能的家庭主妇。”

我脑子开始飞快地转起来。是不是应该准备中国式的早餐呢？稀饭加上肉松，腌黄瓜，花生和松花蛋，还有豆类小菜。或者他会更喜欢西式的？于是我回忆从前我在马尼拉或者香港的酒店里住的时候，吃过的典型英国早餐，我不想出错。

第二天早上，我起了大早，指挥我家厨子准备我们新家的第一顿早餐。我亲自摆了桌子，然后去叫我丈夫，告诉他可以下来吃早餐了。

我们坐在桌子前，我着手做新鲜桔汁，然后在麦片粥里加了牛奶和糖，可我什么也吃不下，只是忙着照顾他。好容易等早饭吃完了，我紧张地看着他问："你喜欢吗？告诉我你平时吃什么式样的早餐？"

"哦，很好吃，"他说，"但是通常我早上只在牛奶里打一个鸡蛋，当作早餐。你平时习惯早上吃什么？"

"哦，"我回答说，"我只喝一杯咖啡。"

婚后的很长一段时间里，郭婉莹和丈夫的生活是相当幸福的。

吴毓骧是个人见人爱、花见花开的帅哥，加上他原来在美国学来的吸引女性的本领，出轨似乎成了顺理成章的事情。事实证明，确实如此。

后来，吴毓骧喜欢上了一个年轻的寡妇，一个郭婉莹一家都认识的女人。旧时的朋友如今成了破坏自己家庭的罪魁，是可忍孰不可忍！

那晚，在朋友的陪同下她亲自来到了那个寡妇的家里，她要把自己千挑万选的丈夫找回来。走到门前敲门。是那个女人开的门，婉莹非常克制地轻声说了一句话："我来找我的丈夫，叫他跟我回家。"

回到家里，郭婉莹没有和吴毓骧大吵大闹，也没有打滚撒泼，而是一句话没说，和往常一样做自己该做的事情，这件事就和没发生过一样。直到老，郭婉莹也没有就此再提起过一句。而吴毓骧，从此再也没去见过那个女人。

郭婉莹用一个女人的温柔与体贴挽回了丈夫。克制、稳重、自信，大家闺秀的风范展现无遗。

他们的婚姻在郭婉莹的努力下又重新回到了正轨。但它也给郭婉莹带来了警醒，自己的生活不仅仅是相夫教子，还要有自己的事业。于是，趁闲暇的时间，她与朋友合伙开了一个服装店，专门制作一些新潮时尚的晚礼服。一边是悠闲富足的少奶奶，一边是成功事业的老板，郭婉莹过得幸福而充实。

穿旗袍洗马桶的右派资本家

> 清洗马桶还是我每天的功课。我们屋子里住了七个人，所以，她们每天出一个人帮我一起把沉重的马桶抬到粪池边上去，这就是她们做的。然后，我要倒马桶，把它搬到河边上洗干净，然后把马桶搬回宿舍去。马桶很大，又没有把手，所以你能想象到我一个人搬它有多困难。

1949年，新中国成立。很多人都面临着去与留的问题，郭婉莹夫妇同样如此。很多朋友都劝告他们移居国外，经过一番思虑之后，两人决定留下来，留下来和这个年轻的政权一起成长。

1951年，国民资本迎来了最辉煌的发展时刻。没有了战争、没有了兵役、没有了严重苛捐杂税，崭新的社会向人们昭示：我们的生活大有前途，我们的生活定会美好。于是，所有的人都努力地工作，为自己美好的未来而努力奋斗，甚至连郭婉莹的丈夫吴毓骧这样的花花公子都积极投入到了自己的生意上。

吴毓骧开了一家公司，和德国人做医疗器械的生意。生意做起来了，郭婉莹是最好的助手，她还经常陪丈夫到香港去洽谈业务。

在香港，他们遇到了很多的上海熟人。这些熟人都是来香港做生意的，结果上海模式来到香港水土不服，这些熟人很快就输光了从上海带来的资本。有些女人为了维持生计，甚至不得不到舞厅内做舞女。

郭婉莹目睹了这一切，心里感慨颇多。同时，她也庆幸丈夫没有做出投资香港的决定。

他们的生活越来越好，幸福时光就在眼前。然而，这一切都毁灭在了那场巨大的风暴中。

1957年，吴毓骧被划为右派，关进了监狱。郭婉莹从穿着法院制服的警察手里接到丈夫作为现行反革命的判决书时，脑海一片空白，她不知道自己的未来会怎么样。

很快，他们的家产被国家没收，被装上汽车一一运走。雪上加霜的是，作为反革命的妻子，郭婉莹还要为丈夫偿还欠着国家的14万人民币。

从这一刻，郭婉莹告别了一切的美好，独自面对残酷的现实。

很快，替夫还债的郭婉莹自己也因为资本家的身份，被送到了资本家学习班学习。在学习班里，她除了接受思想改造，还要用锤子把大石头砸成一块块的小石头，送去修路支援国家建设。

这样的生活维持了几年。

1961年的冬天，吴毓骧终因无法承受非人的折磨而死在了监狱。

几天后，郭婉莹取回了丈夫的骨灰盒和遗物。她一直都很平静地忙着丧事，直到那一天，丈夫的骨灰回家来了，放到桌子上了，郭婉莹伏在那个从火葬场买回来的规格统一的骨灰盒上，哭着说了一声："活得长短没有什么，只是浪费了你三年的生命啊。"

一个自己心仪的男人，一个带给自己诸多幸福和快乐，也带给自己诸多痛苦和灾难的男人走了。但她从不恨他。

郭婉莹从来不多说自己的丈夫，即便是在回忆录里也极少有关于他的事，更没有一句评论。

失去了家庭，丢掉了丈夫，这几乎是一个女人的灭顶之灾。但如果你以为这已经是郭婉莹最黑暗的时刻，那就错了。后面还有更灾难的生活在等着她。

1974年，郭婉莹被从农场调回了外贸职工业余大学去教英文。此时，轰轰烈烈的批斗活动早已在这些业余大学展开了。全校都停了课，每天各系老师们都要在一起开会，批斗郭婉莹。每个老师都要揭发郭婉莹的罪行、并严厉批判，即便是她们从不相识、从未交往，也要说出些什么来，否则就会被认定为同伙。同伙的罪行是很大的，是会被拉来一起批斗的。所以，人人自危，大家都在拼命自保。于是，所有的人都找出话来说。有些人说话尽量不去伤害郭婉莹，但有些人却是在恶意攻击她。也许他们在享受着这女资本家失落的快感。

1976年，由于“文革”的这场运动，郭婉莹作为资本家，自然是被革的重点对象。她被安排到清洗女厕所的工作。她必须每天把盛满粪水的木头马桶，从女宿舍里端出去倒掉，并清洗干净。那时郭婉莹已经独自端不动沉重的马桶了。于是，每天有一个女干部帮她一起把马桶抬到粪坑边上，别的事，由郭婉莹一个人完成。

在许多共产党女干部的回忆录里，她们也写到了自己被迫清洗厕所的故事。她们在写作时往往带着被侮辱的愤怒。郭婉莹非常理解这种愤怒，她以为，清洗厕所这件事的本身并不是侮辱，而是有人将你与厕所联系在一起，与臭的、脏的联系在一起，并强迫你去做，这才是对人格最大的侮辱。

在“文革”中，年近60岁的郭婉莹仍然要爬到高高的脚手架上从事繁重的体力劳动；每天要刷洗沉重的马桶；每天要面对工宣队、造反派、革命群众无休无止的批斗……

这个曾经富甲一方，出门时都会前呼后拥的郭家四小姐，在

“文革”里却要天天面对着一帮子指着她鼻子骂“资产阶级”的红卫兵。换做是别人，也许早就忍受不了，寻了短见。但郭婉莹没有，她依然高傲地昂起头，即便是那些无知者用口水吐来、用泥巴扔来，她都不曾低过头。

郭婉莹的头颅是高贵的，她不会向任何人低头，从来不会，哪怕是这个时代。

雨过天晴后依然优雅

要是生活真的要给我些什么，我就接收它们。

日子像书被一页一页翻过，再苦难的日子也有结束的时候。郭婉莹终于迎来了这一天。

1976年，中国发生了巨大的变化。满墙的大字报不见了，满墙的大红标语不见了，墙上露出了原来的底色，人民脸上也露出了真正的不带伪装的笑容。

“文革”过去了，郭婉莹的苦难过去了。

“文革”后，中国开始慢慢恢复和国外的贸易，上海作为中国贸易前沿，就是走在前列。在这个过程中，他们突然发现，有很多地方需要和外商打交道，但他们又缺少懂英文的人。绝大多数职员看不懂英文的商务信函，也不会写，常常带来许多沟通上的麻烦。于是，他们开始寻找四十年前的熟悉这方面业务的上海老人，作为顾问来帮助他们与外国商人联系。郭婉莹就是其中的一位。郭婉莹被恭敬地请到办公室里，帮助职员们修改英文信，帮助总经理们判断和谈判。作为商务信函顾问，从她的手里，开始出现了标准的商务信件。不仅如此，她还为这里的专业人员上英语课。从此，她不再被人称为四小姐，也不被人称为少奶奶，当然更不是直呼“郭婉莹”，而是被恭敬地称一声“郭老师”。

“郭老师”，一个尊敬的称呼。第一次让她对英文和用英文的世界充满了内心的渴望。

后来，她在海外的子女们多次要求郭婉莹过去与他们同住，但这个安静且坚定的女人拒绝了孩子们的要求，留在了上海。在上海一个没有暖气、没有空调的房间里，默默地过着自己的日子，春去冬来。原来的那些郭家的朋友们，很多也来找她，希望她离开给她带来过灾难的中国。但她从不答应，她说“我习惯了上海，It’s my home。”

这时，还有一些不怀好意的那些海外的窥探中国“文革”故事的记者纷纷前来探访，他们想写写那个在“文革”中备受委屈的四小姐，尽管他们用尽了各种办法，但郭婉莹不愿意与他们交谈。她说，他们根本无法理解中国。

当所有人都为她遭遇的不公平愤愤不平时，她选择了沉默，她想让那些往事成为秘密。对一个经历坎坷的妇人来说，对别人为自己感到不公的经历保持沉默，是一个女子极大的自尊。

不管生活带给她什么样的结果，她都能抬起高贵的头颅，坦然面对。这，就是贵族。

郭婉莹的优雅是渗透到骨子里的，哪怕是到生命的最后，她也会坚持。

1998年9月24日，有客来访，将近90岁高龄的她，一如既往新烫了整齐的头发，雪白的卷发轻轻环绕着她的脸；她还化了妆，以示对客人的礼貌。她翻开自己从前的照片，她用在劳改中变了形的手指，从许多照片中找出一张曾为学生授英语课的照片说："要是我死了，我想用这张照片作为纪念，因为它显示了我在工作。"

第二天，这位优雅的老人就永远地离开了我们。她在自己的家里安静地离开，好像不愿打扰任何人。

郭婉莹去世后，上海红十字会和上海医科大学来人取走了她的遗体，因为早在1985年她就立下了志愿书，将自己的遗体无偿捐献做医学研究，并且不留骨灰。

一位备受磨难的老人走了，走前还把身体作为礼物留给了这个给她带来诸多痛苦和折磨的世界。她美好的品质值得我们钦佩。

陈丹燕曾这样描写郭婉莹："她曾经锦衣玉食，应有尽有。时代变迁，所有荣华富贵随风而逝，她经历了丧偶、劳改、受羞辱打骂、一贫如洗……但30多年的磨难并没有使她心怀怨恨，大起大落的人生也没有打倒她，她依照美丽、优雅、乐观，始终保持着自尊和骄傲。她倔强地听从自己内心的声音，顽强地坚持自己独立的精神。她一生的传奇经历令人惊奇，令人不禁重新思考：一个人身上那些纯净坚韧的美好品质究竟是怎样生成的呢？

郭婉莹档案

郭婉莹，又名戴西。上海永安百货的四小姐。1909年，在澳大利亚最美丽的城市悉尼出生。6岁时，来到上海开办当时最新潮的百货公司：永安公司（49年后改名“中百十店”，现在又叫“华联商厦”）。1928年，从中西女塾毕业。大学毕业结婚。“文革”期间自然是被革的重点对象。1974年，从农场调回了外贸职工业余大学去教英文。一生坎坷，退休后，郭婉莹一边在家抱孙子，一边安静度过余生。至于曾经所受的遭际，她嘴里只字不提。在她看来，这不过是自己的一次人生；而对我们而言，这却是一位女性的传奇往事。

张充和：清淡之中透出高贵淡雅气质

高贵的女人自信美丽，她不会翘着兰花指故作妖媚，那是她不屑一顾的，她更不会涂着庸脂俗粉招摇过市，一个眼神就会让你领教她的与众不同。

“最后的才女”玉殒香沉

十分冷淡存知己，一曲微茫度此生。

她淡泊名利，不愿去追求那纸醉金迷、纷纷扰扰的世界；她不想传世，不去刻意存留那写在纸上的诗文。可这些并不能埋没一个真相——她是一个才女，可与凌叔华比肩的才女。

张充和，那险将遗落的珍珠。

在遥远的大洋彼岸，有这样一位百岁老人，她每天早起，洗漱完毕后，就开始磨墨练字、吟诗填词。这种上世纪初才有的生活方式在老人身上每日重演。闲暇时，她偶尔也会和好友们演唱昆曲，这位老人就是居住在耶鲁大学的张充和。

一个百岁老人，健康的身体、规律的生活是我们所有人都期许的，也是我们向往和祝福的。

但这一美好的画面却终结于那一天——2015年6月18日。

2015年6月18日凌晨，张充和在美国去世，她走的是那样安详，就像在梦中睡着一样。

6月18日的凌晨，日子像往常一样。大家都开始起床、梳洗，准备上班了。

7点，一位署名“作家韩晗”的博主发布重磅微博：清晨收到张钦次老师来函，惊悉张充和先生仙逝。合肥四姊妹已经走进了历史，但其留下的风雅精神，却是我们这个时代最宝贵也最需要的文化遗产。

其后，广西师范大学官方微博发布：一曲微茫，古色今香。

中国作协副主席，著名文学评论家李敬泽也在朋友圈说：十分冷淡存知己，一曲微茫度此生。充和先生仙去。最爱先生小楷，一派清穆之气。

……

消息证实，张充和先生真的走了。

张充和，一位从民国走来，在古风下成长的伟大女性；一位被称为民国闺秀、“最后的才女”的文坛大才。

她走了，但她依然活在自己的时代，因为那是一个传奇，一个奇迹的发生。

家世显赫的“张家小妹”

你小孩子家写字，别用这么好的整墨，用碎墨就行了。

张充和的家世是显赫的。

张充和的曾祖是张树声。

张树声（1824年—1884年），字振轩，1824年（清道光四年）生，安徽合肥人，廪生出身，清末淮军将领。历任道台、按察使、布政使、巡抚、总督、通商事务大臣等职。是地主阶级开明派代表人物，提倡“采西人之体，以行用。”

张充和的父亲是张冀牖。

张冀牖（1889年—1938年），男，安徽合肥人，民国著名教育家。1918年由沪迁居苏州。1921年创办私立苏州乐益女校，1925年又创办平林中学。抗日战争爆发后，乐益女中停办，张冀牖避居合肥西乡。1938年去世。

张冀牖对孩子的教育非常严厉，他对女儿同样具有很高的期许，希望她们和男子一样具有豪爽之气。于是，他给自己的四个女儿取名：元和、允和、兆和、充和。

之后他想不到的是，这四个女儿成了著名“合肥张家四姐妹”。四姐妹给国人带来震撼：

张元和：精昆曲，嫁给名噪一时的昆曲名家顾传玠；

张允和：擅诗书格律，嫁给语言学家周有光；

张兆和：大学英语系毕业，后成为名编辑，嫁给文学家沈从文；

张充和：才华最全，工诗词、擅书法、会丹青、通音律，嫁给德裔美籍汉学家傅汉思。

和其他姐妹不同的是，张充和在11个月时便过继给二房的奶奶当孙女。养祖母对小充和溺爱有加，自任启蒙老师，言传身教大家闺秀的风范。稍稍长大后，养祖母又花重金延请吴昌硕的高足、考古学家朱谟钦为塾师，悉心栽培她，还另请举人左先生专教她吟诗填词。

朱谟钦教充和学古文，是从断句开始，一上课就交给她一篇《项羽本纪》，让她用红笔断句。张充和很喜欢这位先生，因为“他主张解释，不主张背诵”，另一个原因则是他让她爱惜古墨。张充和的一位长辈曾经给过她几锭古墨，她用来练字，朱先生见了，提醒她说：“你小孩子家写字，别用这么好的整墨，用碎墨就行了。”另外，朱先生还专门弄来了颜勤礼碑的拓本，教她练字。张充和说，颜碑用来打基础是非常好的，直到年老，她每过几年都要临一次颜勤礼碑。

当然，张充和不负所望。她天资聪颖，悟性甚高。4岁便会背诗，6岁识字，能诵《三字经》《千字文》。就这样，她一直学了10年。《史记》《汉书》《左传》《诗经》等典籍无不精通。晚年时，她还一直铭感这两位恩师为她奠定了国学的功底。

1930年，张充和16岁。在这年，她的养祖母去世，孤身一人的张充和又回到了苏州，回到了父亲身边。这时，父亲正创办乐益女校，她就在父亲的学校上学。三个姐姐受的是中西结合的教育，这和充和的私塾教育是完全不同的。姐姐们更为洋派，充和的旧学功底则最好。

四姐妹自办起文学社团水社，弟弟们和邻居小朋友办了个九如社。姐弟们结伴郊游、骑自行车、赛球。因张充和长期生活在闭塞的合肥，不懂玩球规则，只能当个守门员。但随着时间的变化，张充和逐渐融入了他们的生活。

苏州人多有爱好昆曲。父亲也喜欢昆曲，于是，请来了苏州全福班的尤彩云来教孩子们唱戏，受此影响，女儿们也喜欢上了昆曲。充和也渐渐爱上并痴迷起昆曲来，还常与大姐元和在《惊梦》中唱对手戏。

数学考零分的北大高材生

数学得了零分，但国文考了满分，尤其是作文《我的中学生活》写得文采飞扬，受到阅卷老师的激赏。

很快，张充和到了考大学的年龄。

当时，张充和对考试并没有多少概念，考上和考不上的区别是什么，她也没有明确的想法。

在家人的苦口婆心的劝说下，她才答应试一试。于是，她来到北大旁听。当时北大入学考试要考的是国文、史地、数学和英文。张充和自小见到数学就头晕。于是，她干脆放弃，把复习的精力全用在其他三科上。

考试当天，家人为她备好圆规、三角尺等作图工具。她说不用，因为她连题目都看不懂。

考试结果很快出来了，她的数学不出意外的考了零分。

但她的国文考了满分，尤其是作文《我的中学生活》写得文采飞扬，受到阅卷老师的一致赞赏。试务委员会资深评委希望录取这名优异生。然录取规则明文规定，凡有一科为零分者不予录取。试务委员会向阅数学卷老师施压，希望网开一面增加几分。但那阅卷先生也是认真的主，复判后，仍给零分。试务委员会爱才心切，不得已“破格录取”了她。

对此，在《大学新闻周报》上的报道，全文如下：

北大新生中的女杰

北大此期招生投考数千人，各科试卷由各系主任分别总评阅，文学院长兼国文系主任胡博士于评阅国文试卷后对人云：此期新生国文试卷以张旋女士者为最佳。言下似有得此女弟子已足满足之状，盖张女士报考之学系又适为国文系也。女士年尚幼，俭朴诚笃，不趋时尚，擅长于文学而数学则非其所好，以是此次考试结果，仅以试读生入学，然此殊无碍其努力文学也，吾人当刮目候之。

至于张充和为什么用张璇之名，盖有以下两点：一是怕用真名考不取，给张家人丢脸，二是不想让北大方面知道她与兆和是姐妹，从而联想到沈从文（沈从文那时已是名作家，她不想沾光，避嫌）。

在北大校园，张充和刻苦读书，结交名师，受益匪浅。然天有不测风云，人有旦夕祸福，张充和病了，是肺结核。肺结核在当时是大病，很难治愈，于是，张充和不得不休学，也因此她没有得到北大的学位。

康复后，《中央日报》的储安平留英，正缺人手，张充和就到副刊《贡献》当编辑，写散文、小品和诗词，初露才华。

似有似无的爱情

说苦恋都有点勉强。我完全没有和他恋过，所以谈不上苦与不苦。

谈到女人，总离不开爱情。

对于张充和来说，同样如此。她的爱情变得不同寻常，并不是她和恋人坎坷的爱情经历，也不是因为她爱的轰轰烈烈，而是因为一个追求她的人，严格意义上来说，是一个单相思的男人——卞之琳。

你站在桥上看风景，看风景人在楼上看你。明月装饰了你的窗子，你装饰了别人的梦。

一篇《断章》让卞之琳名声大噪，这首诗也成了很多人现在推捧和膜拜的诗篇。殊不知，这首诗篇正是卞之琳为了张充和而作。

叶圣陶曾说过：“九如巷张家的四个才女，谁娶了她们都会幸福一辈子。”

也许是叶老的话有着启迪的作用，反正，卞之琳对张充和开始苦恋般的追求。

卞之琳和张充和的相识是因为沈从文，卞之琳和沈从文是要好的朋友密友。那时，张充和正住在姐夫家里，而卞之琳也经常出入于沈从文家，一来二往两人得以相识。

就这场相识而言，张充和多了一个如水之交的朋友，卞之琳却多了一个终生倾慕的女神。卞之琳苦恋张充和，几乎成了当时文学圈内公开的秘密。

后来，张充和回忆说：“我不知道这算不算一见钟情，至少是有点一厢情愿吧。那时候，在沈从文家进出的有很多朋友，章靳以和巴金那时正在编《文学季刊》，我们一堆年轻人玩在一起。他并不跟大家一起玩的，人很不开朗，甚至是很孤僻的。可是，就拼命给我写信，至少有过几百封信吧。”

在张充和眼里，卞之琳很收敛，又很敏感，所以，她不敢轻易答应这份感情，因此也从来没有跟他单独出去过。

张充和之所以拒绝的真正原因是她不喜欢卞之琳这种类型，她喜欢性格开朗单纯的人，比如后来选择的丈夫傅汉思。除了性格外，张充和也不是完全认可卞之琳的才华。她认为卞的诗歌“缺乏深度”，人也“不够深沉”。因教育背景和审美追求的不同，让在旧学中长大的张充和去欣赏“明月装饰了你的梦”实在有些强人所难了。

张充和的拒绝并没有让卞之琳退缩，他在用自己的方式坚持。

1936年，张充和因病辍学回苏州老家休养，卞之琳回故乡海门奔丧后去苏州探视张充和，在张家还住了几天。

1937年，卞之琳把自己的诗作编成《装饰集》，手抄一册，题献给张充和……充和也用银粉为诗人抄录《断章》等七首诗作。

1948年，在炮火声中，张充和嫁给了傅汉思。那一年，她35岁。对傅汉思这个终身伴侣，充和是满意的。她说，汉思是个单纯的好人，被人欺负了也不知道。巧的是，这对中西合璧的伉俪称得上志同道合，他们都是中国传统文化的爱好者，汉思的汉学修养很深，对中国历史比她还要了解，写起文章来一篇是一篇，让她很服气。

1949年，张充和与汉思前往美国定居，她随身带着一方古砚，几支毛笔和一盒五百多年的古墨。

1953年，卞之琳到苏州参加会议，恰巧被接待住进了张充和的旧居，秋夜枯坐在原主人留下的空书桌前，痴情的诗人翻空抽屉，瞥见一束无人过问的字稿，居然是沈尹默给张充和圈改的几首词稿，于是他当宝贝一样地取走，保存了二十余年。

张充和与傅汉思

1955年10月，苦恋张充和大半生的卞之琳结婚了。

1980年卞之琳访问美国时，与张充和久别重逢，将词稿奉归原主。张充和说他只不过是单相思，可纵然是单相思，能够持续如此之久，感情如此浓烈，即使得不到回应也足够动人了。还写了篇深情款款的散文《合璧记趣》。

最终，卞之琳也没有获得张充和的爱情，但他们的友谊长存。张家姐弟对卞之琳都很尊重。卞之琳曾多次到张家老宅做客，受到热情款待。

2000年，卞之琳过世，张家自办的小杂志《水》上，还专门发文悼念，称他是张家所有人的朋友。

因书结友缘

暂别真成隔世游，离家无复记春秋。倩谁邀梦到苏州，月满风帘慵理曲。秋深烟渚怕登楼，也无意绪蘸新愁。

难遣繁忧入酒卮，关河约略似当时。懒逢佳节换新衣，墨淡笔荒余怅望。意新词涩乍凝思，闲窗窈窕暮云垂。

张充和一生有很多朋友，但他和徐家的交情却是少有的，跨越半个世纪的友情。而这友情的建立只因书法。

1942年，张充和师从沈尹默学习书法。

沈尹默（1883年—1971年），原名君默，字中、秋明，号君墨，别号鬼谷子，浙江湖州人，1883年生在陕西汉阴。著名的学者、诗人、书法家、教育家。

这天，张充和正给写条幅的老师牵纸，只见一人径自走来，看情形，和老师的关系不一般。只听老师说：这位是徐道邻先生。

徐道邻（1906年—1973年），民国著名法律人士，国民政府官员。安徽萧县人，徐树铮之子，生于日本东京，早年留学德国，于

1932年获法学博士学位。回国后在国民政府国防设计委员会任职。1938年担任中华民国驻意大利使馆代办。为民国著名的法律人士。后任国民政府国防最高委员会参事、行政院政务处处长等职。1949年赴台湾，在台湾大学校、东海大学执教。后又远渡重洋，任教于西雅图华盛顿大学、哥伦比亚大学、密歇根州立大学等校。1973年12月24日在美国病逝。著作有《唐律通论》《中国法制史论集》《行为科学概论》《青年和人生观》等。

张充和点头示意。她这一点头，肯定了超越时间的友谊。

为了找到共同的话题，徐道邻向张充和诉苦说自己的笛子容易开裂。二人第一次谈话就从讨论昆笛开始了。也正是这支笛子，谱写了他们友情的华美乐章。

徐道邻佩服沈尹默的书法。在重庆时，他经常去看沈先生写字。在这里，他也能经常见到张充和。徐道邻虽然沉默寡言，但心之所好，也会形于颜色。每见沈先生写到得意处，道邻便会高兴地发出轻微的叹息声。一次，沈先生告诉徐道邻："我说，道邻！你如要学我字，不要学我，须找到我的娘家。"这句话，沈尹默先生此前对张充和说过，此次说来既是开导徐道邻，也是重复给张充和听的。心领神会的充和马上接口道："老师，请把我的外婆家说说！"张充和是沈尹默的弟子，老师的"娘家"，自然也就是张充和的"外婆家"了。沈先生被逗得哈哈大笑，给她开列了一个需要临习的碑帖名录。其中排在首位的，是唐代大书法家褚遂良的《孟法师碑》。后来，张充和虽然没有把老师开列的碑帖全部临习完，但是，对《孟法师碑》却是足足临写了四十遍，并自谓受益匪浅。张充和晚年回忆的时候，还念念不忘，自己看重《孟法师碑》，是从沈先生和徐道邻的谈话开始的。

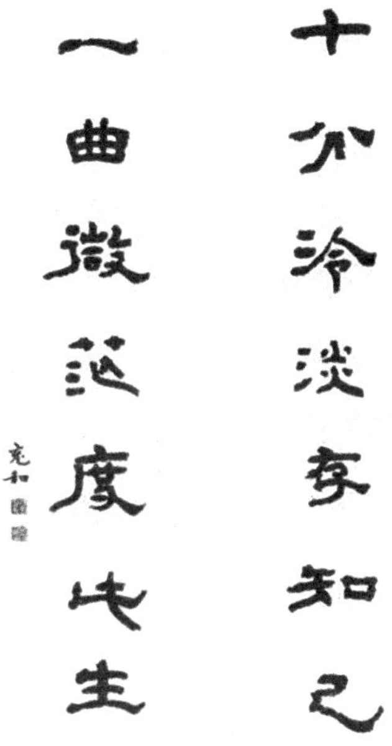

张充和书法欣赏

还有一次，徐道邻现场目睹了张充和偷字的情景。

原来，沈尹默先生是千度以上的高度近视。平时写字时，若是一气呵成，便不成问题。若是等到字干了再钤印，就得凑近了，将鼻子贴在纸上，找到自己落款的名字才行。如果张充和在场，就会让张充和帮忙，让她印在适当的位置。因此，张充和对沈先生的印章非常熟悉。

这天，徐道邻正在现场。张充和从地上捡起一张沈先生丢弃不要、已经脏破不堪的条幅，随手盖上图章，准备卷走。徐道邻看在眼里，微笑不语。张充和知道他是在笑自己“贪婪”。对于老师的片纸只字，张充和都很爱惜，这是大家都知道的事情。但如此脏破的字，也要留下，若是被沈先生看见，肯定要让她扔掉，然后再给她写。张充和趁老师看不见，悄悄拿走，却像“偷”了一般。但在现场的徐道邻始终笑而不语，严守着他们之间的“小秘密”。

不仅如此，张充和还逐渐认识了徐道邻的家人。

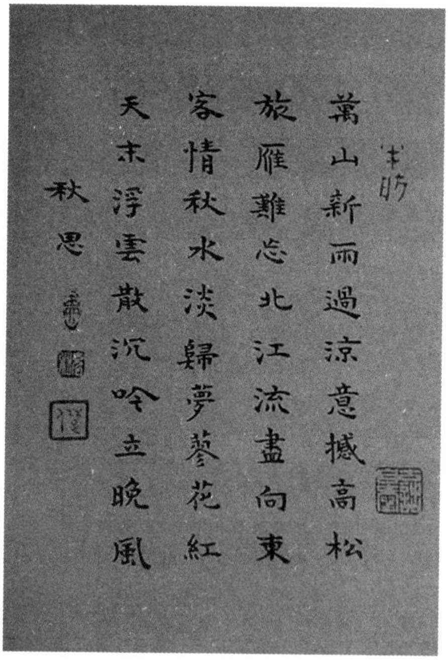

张充和书法欣赏

1945年，一次，张充和从成都回重庆。张充和给徐道邻捎带奶油（抗战时期，物资奇缺，奶油是好东西）。到重庆后，张充和托朋友将奶油带给徐道邻，不久收到道邻亲笔写的感谢信。张充和从来信中感觉到，徐道邻的字很雅致，紧密处有沈尹默先生的影子。

1961年，傅汉思、张充和夫妇住在美国。突然有一天，张充和接到徐樱（徐道邻的妹妹）女儿李林德的电话，说舅舅徐道邻在乘飞机回台湾前，还有两三个小时的时间，要来看望张充和。这次相聚，徐道邻吹笛伴奏，张充和唱了一段昆曲《袅晴丝》。多年后，张充和还后悔当时没有录下音来，作为纪念。

1963年，张充和利用美国工厂用的各种不同质地的管材，试着做成了笛子。这样的笛子虽然音色不是太满意，但是不仅解决了竹笛开裂的问题，也不会因为天气原因而走音。细心的她没有忘记四十年前初次相识时，徐道邻慨叹笛子开裂的苦恼，于是，给他也寄了一支。不久收到了徐道邻的感谢信：

充和四姊：

奉到手制铁笛，不独高低正确，音调亦美，贤姊真曲苑功臣也。承此厚赠，殊不敢当，匆匆难申谢意，敬颂俪安。道邻拜上。汉思先生问候不另。十二月六日。

1969年，徐道邻所著《国民政府地方行政》一书，将要出版，他专门请张充和为其题写书名：

充和四姊妆右：

邻有拙作，近有付印之说，拟恳暇余代题一签。大小不拘，行草不拘。“国民政府地方行政”，“充和题”。此三字万不可少，拙作或遂得不朽。拜托拜托。姊处有秋明先生消息否？念念！汉思兄敬祈致意，为颂吟安。道邻拜上，五十八年元月十九日。

张充和高兴地满足了徐道邻的请求。

张、徐友谊，跨越地域、跨越时间，值得我们品读、回味。

宣扬昆曲的信鸽

她们喜欢登台表演，面对观众；我却习惯不受打扰，做自己的事。

自小喜欢昆曲，并经过名师指点，可以说，张充和对昆曲的喜欢已经深入骨髓。昆曲舞台上的繁华与日常的简淡，一出一入得十分自然。这种生活方式奇妙地维持着她内心的平衡与健康。教养已成，含蓄持守是生活的常态，但内在生命的热情也需要调和，通过演出角色的戏梦人生来抒发，再合适不过。另一方面，唱昆曲也能使她对人生另有感悟，以一种高度审美化的方式体验过世间悲欢，就不容易执着真实人生中的华美与伤痛。

来到美国的张充和没有放弃昆曲事业。在耶鲁大学，丈夫汉思教中国诗词，张充和则在美术学院教授中国书法和昆曲。张充和还先后在加拿大、法国和港台的23所大学以及各学术所讲授、示范演出昆曲。

为了让昆曲后继有人，在美国传承下去，她还心传口授，精心培养自己的幼女傅爱玛学习昆曲。开始时，小爱玛对昆曲不感兴趣，不想学。张充和就想方设法贿赂女儿，让她学昆曲。女儿爱吃陈皮梅，她就用陈皮梅作“诱饵”，唱一支曲子，给一个陈皮梅，还真的“立竿见影”。经她悉心的调教，终于取得良好效果。傅爱玛9岁便可以登台演出昆曲。有时母女俩同时登台演“双簧”，或你唱我吹，或我吹你唱，向美国人宣传中国传统文化，其乐融融。

张充和的昆曲演出，使美国人对昆曲的优美感到震撼。尤其让张充和感到欣慰的是，她收的四个徒弟在促成昆曲被联合国教科文组织列为“人类口头和非物质遗产代表作”一事上立下了汗马功劳。

1979年，张充和回到阔别30年的故土，之后不间断地回国访亲问友。在苏州九如巷老宅的小院中，面对参天的老树和沉沉的古井寻觅她年少时的戏曲梦。

1981年4月13日，纽约大都会博物馆中国部在即将落成的仿苏州园林“明轩”，举行盛大的《金瓶梅》唱曲会——雅集缘起于普林斯顿大学的《金瓶梅》课程，邀请张充和根据古谱，以笛子伴奏的南曲方式，演唱《金瓶梅》各回里的曲辞小令。

1986年，北京举行纪念汤显祖逝世370周年演出活动，张充和与大姐同被政府邀请。在这里，她与时龄80的大姐同演对手戏《游园惊梦》，还邀诗人卞之琳观赏。俞平伯先生看了她的演出剧照，说这是“最蕴藉的一张”。

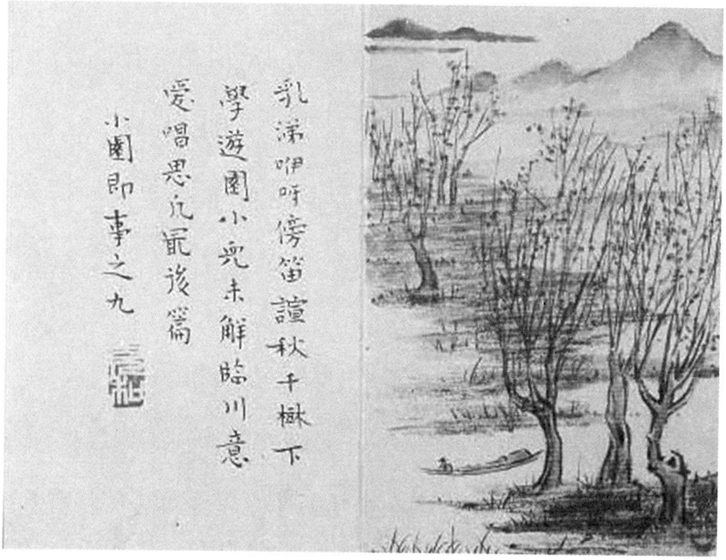

张充和书画欣赏

2004年金秋，张充和在北京举办旅美60年来的第一次书画展。她那信手点染的仿古山水和自作诗，令人反复玩味，那隽秀的隶书对联，质朴中透出娴雅和大气，那昆曲工尺谱朱黑相间，饶有意趣，尤其是84岁高龄时临唐代书法家孙过庭的《书谱》第一百通长卷，形神兼备，令人叹止。

2004年10月，张充和与苏州曲社的曲友们欢聚，此时，她已90高龄。90岁的她面容清秀，举止优雅，身着一袭绛红色的丝绒旗袍，肩披一方黑色的披肩，仪态万方地依在雕花栏杆旁，一亮嗓子，博得台下掌声一片。

这就是活脱脱的最后的大家闺秀。

张充和档案

张充和（1914—2015年），女，出生于上海，祖籍合肥，为淮军主将、两广总督署直隶总督张树声的曾孙女，苏州教育家张武龄的四女（“合肥四姐妹”中的小妹）。张充和在1949年随夫君赴美后，50多年来，在哈佛、耶鲁等20多所大学执教，传授书法和昆曲，为弘扬中华传统文化默默地耕耘了一生。被誉为民国闺秀、“最后的才女”。2015年6月18日凌晨，张充和在美国去世，享年102岁。

盛爱颐：如花似玉的豪门闺秀

以“盛七”闻名，她在与宋子文的恩恩怨怨中尽展个性，在中国第一桩女权案中大显风采。这样一个出生在盛世豪门的女子，竟然还拥有着如此大气勇敢的性情，这不得不算是旧上海的一个传奇。

高贵的出身，地道的“白富美”

她不仅容貌清丽，而且能诗会绣，交际能力极强，年方豆蔻就已出入社交场合，绝对的名媛范儿。

有人说，一个人的出生就能决定一个人的地位，一个人地位的高低就能决定一个人成就的大小。有人也许不这么认为，但很多情况下，这是正确的。比如，出身高贵的盛爱颐。

盛爱颐的父亲是盛宣怀。

盛宣怀（1844年—1916年），字杏荪，又字幼勖、荇生、杏生，号次沂、又号补楼、别署愚斋，晚年自号止叟，是当时上海滩最大的资本家。盛宣怀还是清末官员，秀才出身，官办商人、买办，洋务派代表人物，著名的政治家、企业家和慈善家，被誉为“中国实业之父”和“中国商父”。他创造了11项“中国第一”：第一个民用股份制企业轮船招商局；第一个电报局中国电报总局；第一个内河小火轮公司；第一家银行中国通商银行；第一条铁路干线京汉铁路；第一个钢铁联合企业汉冶萍公司；第一所高等师范学堂南洋公学（交通大学）；第一个勘矿公司；第一座公共图书馆；

第一所近代大学北洋大学堂（天津大学）；创办了中国红十字会。盛爱颐的母亲庄夫人是盛府的主事人。

可见盛爱颐绝对算得上是一个标准的“白富美”，如果换做当下也有“炫富”的资本。但其实盛爱颐并不是如此肤浅女子，她从小聪明伶俐、见多识广，是盛宣怀最为宠爱的女儿，是上海圣约翰大学的高材生，尤其擅长书法，更是善刺绣能绘画，交际能力极强，年方豆蔻就已出入各种社交场合，小小年纪就已然是名闻上海滩的“盛七小姐”了。

盛宣怀去世时，她只有十六岁。在此后的几年里，盛爱颐更是凭借自己的才智帮助母亲处理一些事务，赢得了家族中兄弟姐妹的认可，社会名流的认同，成为上海滩家喻户晓的“盛七小姐”，成为当时无数少女羡慕的对象，更是当时屌丝男士眼馋不已的“女神”。

每个剩女都有一段铭心刻骨的情感故事

他正高官厚禄，春风得意，我何必去巴结他呢？但话也得说回来，他那把金叶子还没还我呢！

盛爱颐是名闻上海滩的“盛七小姐”，却一直到三十二岁才得以出嫁，可谓名副其实的“大龄剩女”，说其为“剩女”中的圣斗士也不为过，在其背后又隐藏什么样的让你心酸的故事呢？

那时的盛爱颐还是一个无忧无虑的少女，她拥有显赫家世，拥有众人羡慕的美貌，拥有疼爱她的母亲与兄长。那时的盛爱颐就像生活在童话里的公主，幸福花开。

直到遇到一个人，或许那一天的微风拂动了这位美丽少女的心，让她兴致大发，缠着一向疼爱自己的四哥一起出门，见到了向汉冶萍公司总经理盛恩颐（盛爱颐的四哥）汇报工作的宋子文。谁也没想到，这个在盛爱颐面前显得有些笨拙的男人，却成了她心头永远的痛。但此时的盛爱颐并未放在心上。

1917年的宋子文不是财政部长，也不是央行行长，他只是汉冶萍公司总经理的秘书，而他的家世与盛爱颐的家世相比，想来想去只能用“萤火与明月”来形容了。宋子文就是在这样的情境下遇到了自己心目中的女神，那一刻觉得阳光明媚了几分，就连总经理的批评也顺耳了几分。

此后，宋子文借故频频出入盛府，希望能够引起“女神”的注意，效果却不是理想。对于此时的盛爱颐而言，宋子文的出现如同自家庭院内的树多了一片树叶一样丝毫无法引起她的关心。盛爱颐自小便随父母出入上海滩各种重要场合，眼界甚高，只当是自己众多追随者中又增加了一名普通成员而已。

盛爱颐是一个爱学习的女子，当宋子文从盛恩颐那里听说盛爱颐在学习英语时，便毛遂自荐去做盛爱颐的英语家庭教师。终于有机会能够与女神近距离接触，凭借良好的英语水平以及留美经历以及自己的博学和幽默的语言，宋子文在教授盛爱颐英语的过程中走进了盛爱颐的视野。

面对宋子文的追求，盛爱颐起初并未放在心上，一是盛爱颐是名门之女，周围不乏比宋子文更优秀的，所以她应该对优秀男性天然地有着一定的免疫能力；二是门第相差悬殊，哪怕有些心动也会下意识按捺。当然对于宋子文的能力盛爱颐还是欣赏的，只是当时的宋子文在她面前，像极了十足的屌丝，有所迟疑也是再正常不过的事情了。

可是对于宋子文而言，这种“求之不得”的折磨可谓是难受难当。当能够深刻体会到《诗经》中《蒹葭》之意：

蒹葭苍苍，白露为霜。所谓伊人，在水一方，溯洄从之，道阻且长。溯游从之，宛在水中央。

蒹葭萋萋，白露未晞。所谓伊人，在水之湄。溯洄从之，道阻且跻。溯游从之，宛在水中坻。

蒹葭采采，白露未已。所谓伊人，在水之涘。溯洄从之，道阻且右。溯游从之，宛在水中沚。

这种能够看到却追求不到的滋味令宋子文做出了惊人之举。宋子文一定还记得那个前去拦车的下午：那一天，天空飘着零星的小雨，宋子文就呆呆地站在盛爱颐的车每天必经的路旁，等待着……“伊人”出现的那一刻，他拦住了盛爱颐的车。我想当时宋子文的心情应如席慕蓉那首《一棵开化的树》一般痴狂：

如何让你遇见我

在我最美丽的时刻

为这

我已在佛前求了五百年

求它让我们结一段尘缘

佛于是把我化作一棵树
长在你必经的路旁
阳光下慎重地开满了花
朵朵都是我前世的盼望

当你走近
请你细听
颤抖的叶是我等待的热情
而你终于无视地走过
在你身后落了一地的
朋友啊那不是花瓣
是我凋零的心

当然宋子文的痴情最终没有变成“凋零的心”，那一刻盛爱颐知道，眼前这个在雨中站立，拦在车前只为跟自己说句话的男人是爱自己的。或许，正是宋子文的这种惊人的执着与霸气打动了盛爱颐的芳心。

但盛爱颐自小在大家庭中长大，盛家更是上海滩的首富，其母庄夫人的择婿标准更是严格，理性始终指导着这位“盛七小姐”的行为。她偷偷地塞给宋子文一个纸条，告知他自己要去杭州的消息，暗示其跟随去杭州。

宋子文的行为是有些痴，但宋子文并不是傻子，看到盛爱颐的纸条时心顿时亮了。刚刚觉得冰凉的雨水此刻也有些暖了，刚刚瑟瑟的风此刻也有些顺了，这一刻的幸福令宋子文终生难忘。

西湖边一起听风起的声音，雷峰塔下凭吊“只羡鸳鸯不羡仙”的白素贞，龙门古镇里谈笑说三国，临安城上悼古今……千岛湖和青山湖湖水迷醉二人的双眼，天目山、大明山、西径山、白云源、玲珑山及飞来峰的美景令二人留恋……杭州之行的最初几天应该是两人一生中距离最近的一段时期了。此刻的光影对于少女盛爱颐而言当是美好的，至少此刻可以不去想眼前这个男人事业无成，家世低下，与自己显赫的家世相差甚远的烦恼事，无须考虑母亲庄夫人一再叮嘱的择婿要求。但对宋子文而言此刻除了幸福眩晕之外，还有着丝丝纠结。

1923年2月，陈炯明叛乱被平定后，孙中山在广州重建了革命政权，急需各方面的人才，宋子文由宋庆龄引荐，步入政坛。孙中山电报催促宋子文赴广州。宋子文迟疑着，还是开了口，希望盛爱颐能够与他一道赴广州实现自己的理想，投身革命，共创年轻人的天下。说是革命，其实就是私奔。而此时，孙中山领导的国民革命事业尚在起步阶段，前途未可知；但对于正是少女的盛爱颐来说，她最担心的是自己的母亲以及自己兄长的感受。这个抉择，对于一个成长于豪门世家的少女而言是何其难的问题，更何况自己的母亲对于宋子文一直没有好印象。最终，“盛七小姐”拿出一把金叶子给宋子文做盘缠，并承诺会等宋子文回来；宋子文心中有些许失落，望着含情脉脉的女神以及那句“我等你回来”，许下了自己的诺言。

不同的是盛爱颐将诺言放在心上，苦苦等候，从少女成了三十多岁的“大龄剩女”；而宋子文却只得诺言挂在嘴上，辅佐姐夫孙中山，事业风生水起，成了央行行长、财政部长，仅头衔就可列出长长的一串，也娶了娇妻张乐怡（1907—1988，江西庐山人，出生于避暑胜地云中山城牯岭。她是闻名九江庐山的建筑企业商人张谋之膝下的千金小姐。张乐怡自幼聪明伶俐，20世纪20年代初毕业于基督教创办的南京金陵大学。毕业后回到庐山，参与张家企业管理。1928年与国民政府财政部长宋子文喜结良缘。1949年，张乐怡随丈夫宋子文离开大陆，定居纽约曼哈顿。1988年在纽约病逝），夫妻恩爱，子女乖巧。

两人再相见，是在一次社交晚会上，远远地看到，还是那个人，不同的是此刻他春风满面，身旁有一位挽着他胳膊笑容如花的女子，接受众人的恭维。那一刻盛爱颐的心都碎了，满腔的期许如青花瓷器一般坠落地面化做“凋零的心”。

曾经的女神、往日的幸福已经荡然无存，不管她是不是他心头的红玫瑰，今天的公主都不再是她。盛爱颐拖着踉跄的脚步逃离了那一晚的晚会。此后，当有人再问起宋子文时，“他那把金叶子还没有还我呢！”成了盛爱颐的习惯性回答。

往事不要再提，人生已多风雨，纵然记忆抹不去，爱与恨都还在心里，真的要断了过去　让明天好好继续……——《当爱已成往事》

——不是没有后悔，不是没有遗恨，只是再回首，已然物是人非。

一个少女最美好的时光就这样被一个无情的谎言所蹉跎而过，盛七小姐病了，少女的情怀也彻底碎了，昔日杭州之行美好的时光成了盛七小姐无法言表的痛楚。不久，她就嫁给了庄铸九（庄夫人的内侄），从其中也能看到盛七小姐自己的骄傲。

其实，那晚晚会上宋子文也看到了盛爱颐，宦海多年的打磨已然让当初那个初出茅庐的毛头小子磨砺成了喜怒不形于色的圆滑男人。他以为自己已然忘掉，可是当当初的“伊人”再次出现在自己的眼前，如烟往事又重新浮现。

爱情它是个难题，让人目眩神迷，忘了痛或许可以，忘了你却太不容易，你不曾真的离去。你始终在我心里，我对你仍有爱意，我对自己无能为力。因为我仍有梦，依然将你放在我心中，总是容易被往事打动，总是为了你心痛……——《当爱已成往事》

已婚的宋子文仍想与盛爱颐再续前缘，于是找到了盛老五（盛重颐）帮忙。此时的宋子文已非当年盛老四的秘书，因为庄夫人不喜欢就可以找个理由调武汉的阿三，此时的宋子文是南京政府政坛上的新贵，国民政府央行行长、财政部长。他透露出想见盛爱颐的愿望，盛老五自然不敢怠慢。于是借盛家兄弟姐妹重新在上海团聚之机，约盛爱颐在淮海中路大花园见面，为避免盛爱颐知道内情不肯前来，盛老五等人并未将宋子文会在场的消息告知盛爱颐。

盛爱颐如约而至，却见到了前来搭讪的宋子文，周围的家人也劝其与宋子文“讲和”。未曾想盛七小姐却冷若冰霜。我们很难想象盛七小姐当时的心情，是旧伤疤再次被撕裂，还是心被浸到冰水之中，我们不得而知。我们所知道的是面对众人的盛情挽留，盛七小姐留下的那句“不行，我丈夫还在家里等我呢！”转身离去。

盛爱颐一如既往的高傲和理智，“我才不跟他啰嗦呢！大家都有了自己的生活，何必再去惹麻烦，他正高官厚禄，春风得意，我何必去巴结他呢？但话也得说回来，他那把金叶子还没还我呢！”

那把金叶子宋子文最终也没有还她，或许怕还了之后，就少了想起与思念的理由。见到曾经的伊人如同“最熟悉的陌生人”般地毅然决然地从身边离开时，不知宋子文可是想起了当时自己离开时盛爱颐的那句“你去吧，我等你回来”的话。多少相爱的男男女女最终却没有在一起，或许这种怅然若失才是人生的真谛。

然而，最终盛爱颐还是给宋子文打了电话。老话说“三十年河东，三十年河西”，败落后的盛家在后来的时间里屡次遭到打击，抗战胜利后，盛老四的儿子盛毓度因曾在日伪政府供过职而被投进了监狱。而此时宋子文官至国民政府行政院院长，直接负责敌伪产业的接收和处理工作。盛毓度的原本夫人叶元婵，跑到盛爱颐面前长跪不起。面对此种状况，盛七小姐只好答应，但只是答应打个电话。可见，宋子文对其的伤害有多么深。电话打通后，盛爱颐依然端着架子，倒是宋子文接到电话后兴奋不已，满口答应。“我想明天中午跟我侄子吃饭”，盛七小姐提出更苛刻的要求，电话那头依然爽快地答应了。这次宋子文的诺言兑现了，可惜不是盛七小姐最想要的那个。第二天中午，盛毓度果真被放出来了。

或许，盛爱颐不想给宋子文任何帮助自己的机会，是为了让他那份愧疚更久些，记自己更深些；或许宋子文之所以那么爽快，也是为减轻自己内心深处的痛悔，让自己每每想起盛爱颐时内心能够更好受些。无论是何种原因，都已然随着当事人的离去，消散在历史的长河中了，只留下这段令人心酸不已的故事，让后人凭吊。

彪悍的人生，时代先锋

她是中国历史上第一桩女权案的当事人，开启了女性运用法律保护自己的历史；她是我国历史上第一涉足娱乐行业的女企业家；她是当时“远东第一乐府”——上海百乐门的创始人；她是……

“号外，号外，盛七小姐状告兄长要求平分遗产”中国第一件女权案序幕揭开。这只是日历表上普通的一天，却也是中国女性史上最为特殊的一天。

经报界曝光后，引起社会的重大关注，须知按照我国传统大家庭遗产分配办法，女子的确是没有财产继承权的。尽管民国后讲求男女平等，在政府相关的法律条文上也明确女子是具备继承权的，可是要真正推行起来困难多多，总须有人带头才行。盛爱颐或许并未想得这么深远，但正是盛爱颐的无心之举，不仅赚足了眼球，维护了自己的权益，也成为中国历史上最早的女权案当事人，作为女性史上华彩的一笔载入了史册。

1927年，盛宣怀的夫人庄氏离世。按照盛宣怀的遗嘱，应当一分为二即一半归盛氏义庄（147.3932万两），一半归盛家五房子孙。如若真的能够按遗嘱处理，或许我国最早女权案又要晚些时间了。

其导火索是1927年11月26日，盛恩颐与盛氏义庄董事狄巽公向上海临时法院提请诉状要求将早已归于盛氏义庄的钱，由盛氏五房分掉。盛氏义庄是盛宣怀进行慈善事业的平台，自己胞兄的这种行为刺痛了盛爱颐的心，这种行为无疑是对父亲一心致力慈善期许的一记耳光，也会降低盛氏义庄的救助能力。时逢乱世，这些钱是可以救济许多人的。

尽管盛爱颐长在深闺中，但也是受“五四”影响的新时代女性，更何况盛七小姐还是上海滩的交际名媛。于是，盛七小姐向盛恩颐提出要十万银圆出国留学，盛老四不同意。于是这位新女性决定运用法律手段维护自己的权益，1928年6月盛爱颐将她的三个哥哥、两个侄子告上法庭。这是民国以来的第一例女权案。或许，盛爱颐并未曾想到此举对于中国女性意味着什么。

其实盛氏家庭遗产纠纷由来已久，1916年4月27日，近代著名实业家盛宣怀在上海离世。他去世时，报纸评论说，他是中国最大的富翁，“固一世之雄也”，他去世后留下的庞大家产，成为世人瞩目的敏感话题。

从左至右依次：盛方颐、盛关颐、盛爱颐

其实盛宣怀早就有先见之明，生前早早立下了遗嘱，决定将遗产的一半平均分配给子孙，另一半建立盛氏义庄，用于慈善事业和救济盛氏贫苦人家。可是，这份巨大的遗产给盛氏子孙带来了丰富的物质生活，也注定给子孙留下了诸多纠纷。

盛宣怀去世三年后，盛氏家庭就出现了“抢分析权”即庄夫人与大房盛昌颐的长子盛毓常关于遗产分配权的争夺，以及“抢图章”事件，最终以庄夫人胜诉结束。这一事件一时间赚足了上海滩民众的眼球，成为人们茶余饭后的谈资。

在当时的社会背景下，盛爱颐要取得胜诉是相当困难的，开庭之日盛爱颐依据民国法律关于男女平等条款，要求保护自己与八小姐盛方颐的继承权。意外的是，此案得到了宋美龄及宋庆龄的支持，最终胜诉，盛爱颐分得五十万大洋，其社会意义远不至此。

胜诉后，盛七小姐登门感谢宋氏姐妹的支持，才知其中有宋子文的原因，看来宋子文心里还是有盛七小姐的。

1932年盛爱颐从获得的遗产中拿出五十万两与商人顾联承投资，在上海建造了广为人知的百乐门舞厅，成就被誉为“东方第一乐府”。

“白色的大理石旋转楼梯通向大舞厅，阳台上另有一个舞池，玻璃地板，下方有脚灯，让人感到像在鸡蛋上跳舞。表演合唱的是俄国女子，她们穿戴很少：帽子、浅帮鞋和非常细的腰布”这是当时一位外国人的描述。

岁月温柔乡，夜夜笙歌，或许这也是在乱世之中自我麻醉的一种方式吧。但最终却因经营不善而被迫转手，也是盛七小姐人生中的又一憾事吧。

往事如烟，坐看云淡风轻

1949年上海解放，盛爱颐没有像其他人一样离开，而选择了留在上海。可很难说，她的选择到底是对还是错。因为，她以后的日子过得并不如意。

开始，她住在淮海路常熟路附近的愉园小区，这里是上海市中心的一处很好的花园别墅区，独立门户，楼高三层，楼下还有一个小花园。平时丈夫上班，儿女上学，盛爱颐就在家里浇浇花弄弄草，有时也参加一些社会活动，比如，参加居民区的文化扫盲工作，帮助那些不识字的家庭妇女认字、读报……闲暇时，她会练练毛笔字。盛爱颐能写一手很漂亮的毛笔字，颇有专业水准，因此，朋友中常有人来讨她的墨宝，她也是来者不拒，让朋友们满意。

1956年，因社会改革，他们的资产被充公，只能按季度拿到定息。盛爱颐没有委屈，没有抱怨，国家的决定她坦然接受。这样也很好，至少起码生活还是安定、富裕的。

然而，事情突然发生了改变。50年代末期，社会生活急转直下。先是三年自然灾害，全国副食品供应非常紧张，有钱也买不到东西，一日三餐都成了问题。在家人都在为吃食发愁的时候，更大的灾难降临了。丈夫庄铸九莫名其妙地被打成了反革命；儿子庄元端被打成右派，送安徽农村劳动改造。女儿庄元贞浙江美术学院毕业后，因家庭出身不好，被分配到福建省教书……

这些并不是结束。

1966年，“文革”爆发。盛爱颐他们的日子更是雪上加霜。造反派们占据了他们的房屋，屋内的各种设施被打砸一空，古董、名画被砸坏，一些值钱的东西也莫名消失。更过分的是，他们被赶出自己的家门，被赶到五原路上一栋房子的汽车车库里居住。

车库毕竟比无家可归好一些。可在车库旁边就是化粪池。每过一段时间，就有一辆拉粪车停在门口，拖出一根长长的管道伸到那汽车间的化粪池口里，“突突突”地抽粪，这种状态每天都在持续。

在这受尽磨难的日子里，丈夫庄铸没有挺住，病逝了。车库里只剩下盛爱颐一个人。

面对这一切，盛爱颐没有垮下，她表现得异常冷静。因为她明白，这个世道的世态炎凉，是无法用委屈洗刷的。天有不测之风云，人有旦夕之祸福。让一切顺其自然，让一切不快都随风飘走吧。

海外的众多亲友们听说盛爱颐在车库受尽屈辱，无不为之感叹唏嘘，纷纷伸出援助之手，不断寄钱寄物来。尤其在她生病的时候，在日本开留园饭店的侄子盛毓度，总是时常汇来巨款来帮助其度过生活的难关。每当又有雪茄烟抽的时候，盛爱颐就拖一只小椅子，姿态优雅地坐到门口来，透过层层烟雾，观看五原路上的芸芸众生。

那时的五原路还是一个马路菜市场，买菜的、卖菜的人群，熙熙攘攘，川流不息。有位并不认识她的人从她门口经过，看她手持雪茄烟的坐姿，猜测这定是哪个豪门望族的落难小姐了。后来告知他，这就是当年大名鼎鼎的盛七小姐啊，那人恍然大悟："怪不得！"

灾难总有过去的一天。

后来，女儿庄元贞成为著名的工艺美术师，作品在全国得奖，有的还被送到国外参展；儿子庄元端的"右派"问题在改革开放之后也获得了平反，前往美国发展。

一切都趋于正常，一切都趋于平淡，盛爱颐安静地生活着。

1983年，83岁的盛爱颐逝世。她走的时候依旧干干净净，一脸镇静，是那样的体面，是那样的从容。

盛爱颐档案

盛爱颐（1900—1983年），人称“盛七小姐”。在与宋子文的恩恩怨怨中尽展个性，在中国第一桩女权案中大显风采。盛爱颐见多识广，不仅能诗会绣，还写得一手好字。1923年2月，与丈夫宋子文分开。1927年打赢争取遗产的官司。1932年嫁给了庄夫人的内侄庄铸九。1949年上海解放，选择了留在上海。1956年公私合营以后，固定资产没有了，但能按季度拿到定息，生活安定、舒适。一直活到83岁，临终的时候，她依旧干干净净，一脸镇静，非常体面，非常从容。

吕碧城：凤毛麟角的奇才女

催花风雨弄阴晴，似多情，似无情。廿四番风，换尽最分明。更换鸣禽如过客，先燕燕，后莺莺。浮生同此转飚轮，是微尘，恋红尘。如梦莺花，添个梦中人。霎春痕如梦影，休苦苦，唤真真。

十二岁被悔婚的吕家女

我一生中最大的痛苦和不幸，都是因为我是一个女人。

她是诗词书画样样俱能的凤毛麟角之才女；

她是呼吁男女平等、提倡女权的民国女侠；

她是中国新闻史上第一位天赋和才华并存的女编辑；

她是袁大总统钦点的女秘书；

她是翻译佛经的女居士；

她游列国、穿洋服、说外语、用西餐，颇具风情；

她从政、从商、从教、从文，颇具威名；

……

吕碧城，近三百年来最后一位女词人。

安徽省旌德庙首村，是一个很多人都不曾听闻的村落。翻开其历史，只是唐朝时为了纪念张巡而立的庙宇，后吕氏家族入迁，才渐成的村落。一个偏僻且不知名的村落似乎不可能有什么故事，但一个女人让这个小村落时时被人提及，这个女人就是——吕碧城，一位风华绝代的女子。

吕碧城并非普通农家子弟。

她的父亲是吕凤岐。吕凤岐（1837—1895），字瑞田，别号石柱山农。吕凤岐自幼开蒙，学习儒家经典，学业精湛，十二岁时就被老师夸赞为“歧精灵”。但因种种原因，直到咸丰九年（1859）十月，江南乡试重开，吕凤岐考取第六名。此后，他曾入曾国藩军营做过襄办文案，还在南昌等地书院、家馆授过课。同治七年（1870），吕凤岐考中举人。光绪三年（1877），年逾四十的吕凤岐才中进士，授翰林院庶吉士，不久任国史馆协修、玉牒馆纂修。光绪八年（1882），慈禧太后在东暖阁召见吕凤岐，垂询训勉。吕凤岐奉命到山西视学。不久，吕凤岐又被任命为山西学政，主抓全省教育工作。

她的母亲严士瑜也非等闲之辈，出身于官宦世家，祖母是清代著名的女才子沈善宝。严士瑜善诗文，一生写过很多的诗篇。但后来大部分遗失，至今在文献资料《安徽名媛诗词征略》里，只留存有她的两首诗。比如，其——《纪梦》：

自我为妇来，不获侍慈姑。昨梦高堂上，色喜泪盈裾。敛衽前跽问，窃闻处贫庐。子贵亲不侍，母乃戚无愉。为妇奉苹蘩，敢不中厨趋！慈颜亦莞尔，梦魂渺已无。

可见其家学功底之深厚。

1883年，吕碧城出生了。吕碧城的出生对这个家庭来说，是一件普通平常之事，也就不再大书特书了。

光绪十一年，也就是1885年，厌倦了官场上阳奉阴违和尔虞我诈的吕凤岐请求回老家修墓，并得到了朝廷的恩准。但吕凤岐并没有回到自己的祖籍老家，而是在六安城外的乡下，买了一处老宅作为自己的安身之所。从此，他就过上了闲适的田园生活。种种田、看看书、写写诗、教育教育孩子、偶尔还会编修一下家谱。三年后，吕凤岐又在老宅的东面建造了一处大院，名曰：长恩精舍。主要是藏书和孩子们学习的地方。吕碧城的开蒙也是从这里开始的。

1887年，吕凤岐长子贤钊因逃学，受到塾师和父母的批评，贤钊因一时想不通，竟寻了短见，时年十九岁。全家人陷入悲痛中。

1891年，吕凤岐次子贤铭也因病早亡。家中两个男孩先后去世，令吕凤岐悲痛欲绝，大病一场，从此，身体日渐消瘦，精神日渐萎靡。

尽管吕家连遭不幸，但作为名门望族，家业也是不小，在当地还是很富庶的。所以9岁的时候，吕碧城就被许配给了孙村的一个汪氏乡绅，

1895年，吕凤岐走完了人生的道路，时年59岁。他走的清净，但给妻儿留下了不尽的苦楚。

同族子侄见吕凤岐家没有男子，便想霸占其家产，严士瑜不从，竟被囚禁了起来。

当时，吕碧城年仅12岁。对于一个12岁的女孩子的打击并没有结束。见到吕家已经失去了势力，再加上吕碧城没有分到财产，汪家对吕碧城的态度发生巨大转折，他们提出退婚。

悔婚，对当时的女子来说，意味着奇耻大辱。但汪家想不到的是，正是他们的悔婚，让这位小女子能享誉世界。

被释放后的严士瑜为了让吕碧城得到更好的教育，就把她送到在天津塘沽担任盐运史的舅舅家。

吕碧城来到舅舅家，就像林黛玉进了贾府，小小年纪，便要看人脸色行事。这对一个12岁的孩子来说，是件痛苦和无奈的事情。也正是这段经历，造成了吕碧城敏感、自闭的性格。

在舅舅家待了七八年，吕碧城想去天津学校上学，却遭到了舅舅的强烈反对。舅舅的思想，还认为女子无才就是德，认为出去闯荡的女子，是不守闺规的。

为了这件事，吕碧城和舅舅大吵一架。最后，还是离开了舅舅，尽管当时身无分文，但倔强的她还是义无反顾地坐上了去天津的火车。

吕碧城的出走在当时可以说是一件惊天动地的大事，但也正是她敢于反抗的勇气和决心，成就了她今后的辉煌和壮举。

叱咤九州之女权先驱

凡我女子之生于中国，不克与男子平等，且卑屈凌辱，置于人类之外者，固为万世一定不移之例矣。

1903年，吕碧城受《大公报》经理英敛之的帮助被聘为《大公报》见习编辑。

这一时期，吕碧城倡导女权和女性解放。利用在《大公报》工作之便，吕碧城撰写了一批鼓吹妇女解放与宣传女子教育的政论文章，如《论提倡女学之宗旨》、《敬告中国女同胞》、《兴女权贵有坚忍之志》等。

这些文章表现出女性要求自由独立的强烈叛逆精神，洋溢着对新时代的热烈向往和赞美。一和读者见面，就引起了强烈的反响。

吕碧城也因此在文坛崭露头角，声誉鹊起。她在文章中流露的刚直率真的性情以及横刀立马的气概，当时人们甚为推崇，尤其是那些新女性们，更是把她当作学习的楷模。一时间，竟出现了“到处咸推吕碧城”的盛况。

吕碧城深受儒家思想的影响，她对国家民族的忧患意识、仁恕之道等具有积极意义的成分很是赞同，但她也对传统文化歧视妇女的三纲五常予以强烈的抨击和批判。她认为只有通过妇女解放，才能为所有女性赢得“入学之权利，交友之权利，营业之权利，掌握财产之权利，出入自由之权利，婚姻自由之权利”。

对此，她在《论提倡女学之宗旨》一文中写道：

有世界必有竞争，有竞争而智慧之机发焉，优劣之种判焉，强弱之国别焉。竞争之道，唯合群乃能取胜，盖万事莫不成于合群而败于解体也。上智之士合群力以争于全球，下焉者积私力以争于同族，而顽谬之鄙夫则以一身之力争于同室焉。今顽谬之鄙夫闻兴女学、倡女权、破夫纲等说，必蹇额而相告曰：是殆欲放荡驰圻，脱我之羁轭而争我之权利也。殊不知女权之兴，归宿爱国，非释放于礼法之范围，实欲释放其幽囚束缚之虐奴；且非欲其势力胜过男子，实欲使平等自由，得于男子同趋文明教化之途；同习有用之学，同具强毅之气。

中国自嬴秦立专制之政，行愚弱黔首之术，但以民为供其奴隶之用，孰知竟造成萎靡不振之国，转而受异族之压制，且至国势岌岌存亡莫保。吁，可危哉！而男之于女也，复行专制之权、愚弱之术，但以女为供其玩弄之具，其家道之不克振兴也可知矣。夫君之于民、男之于女，有如辅车唇齿之相依。君之愚弱其民，即以自弱其国也。男之愚弱其女，即以自弱其家也。自剪其爪牙，自断其羽翼，故强者虎视眈眈，欲肆其擒搏手段焉。

民者，国之本也；女者，家之本也。凡人娶妇以成家，即积家以成国。故欲固其本，宜先树个人之独立之权，然后振合群之力。盖无量境界、无量思想、无量事业，莫不由此一身而造。此身为合群之原质，若此身无独立之气，虽使合群，设遇攻敌，终不免有解散败坏之虞。故独立者，犹根核也；合群者，犹枝叶也。有根核方能发其枝叶。藉枝叶以庇其根核，二者固有密切之关系，而其间复有标本之判别，窃冀览者毋河汉焉。

在《敬告中国女同胞》一文中写道：

凡我女子之生于中国，不克与男子平等，且卑屈凌辱，置于人类之外者，固为万世一定不移之例矣。盖中国以好古遵圣为癖，以因循守旧为法，于所谓圣贤之书，故人之语，一字不敢疑，一言不敢议。虽明知其理之不合于公，其言之不适于用，亦必守之，护之，遵之，行之。至一切教育、法律、风俗，明知其弊有损于世，明知其腐无补于今，亦不肯改革，日古法也，日旧章也。

吕碧城用文字吹响了妇女解放的号角，对旧礼教展开了激烈的攻击。她的思想和观点，比后来的“五四”新文化运动的一些提法不仅更早，而且更为深刻。

在女性生存问题上，她指出：“察吾国女子之特性，固猥琐陋劣，汶汶汩汩，无一长之可取，其思想之痼弊，气量之狭隘，才力之短绌，行为之贪鄙，几无一点可以副个人之天职，其灵敏、坚忍、勤劳、慈爱诸美德，皆汩没而不彰。呜呼！世或谓女子之特性固如是乎？殆数千年之政教风俗有以致之，而养成此第二天性耳。”

这一段话与法国女权主义者西蒙·波伏娃的“第二性”观点

（女人不是天生的，女人是被变成的）有着异曲同工之妙。

那如何解决“第二天性”问题呢？

碧城认为：“终须我女子痛除旧习，各自维新，人人有独立之思想，人人有自主之魄力，然后可以众志成城”。

可以说，吕碧城对君权、父权、夫权所体现的男权思想的批判和颠覆，开了近代中国女权运动之先河。

光说不做是空谈家。吕碧城还是个实干家。

除了在《大公报》积极宣扬女权和妇女解放思想，吕碧城积极筹办女学。她认为办女学开女智、兴女权才是国家自强之道的根本。

为了引起重视，吕碧城发表多篇言论以作舆论宣传，宣扬兴办女学的必要性和重要性。她把兴办女学提到关系国家兴亡的高度，以此冲击积淀千年的“女子无才便是德”的陈腐观念。

1904年9月，在各方的努力和支持下，吕碧城筹办的“北洋女子公学”成立，她任总教习。两年后，“北洋女子公学”改名“北洋女子师范学堂”，年仅23岁的吕碧城任监督（相当于今天的校长），为我国女性任此高级职务的第一人。

北洋女子公学是当时女子的最高学府。吕碧城从教习提任到学校的监督，一待就是七、八年，她把人生最美好的青春留在了这里。在这里，她把中国的传统美德与西方的民主、自由思想结合起来，把中国的传统学问与西方的自然科学知识结合起来，使北洋女子公学成为中国现代女性文明的发源地之一。

和秋瑾演绎的“双城记”

旌旗闪闪龙蛇舞，秋风落日鸣金鼓。壮夫嘘气贯长虹，岂畏辽阳征战苦。将军出塞，烈士从征，千钧重任，一剑身轻。投笔而去，不计征程。

世间很多事情的发生，多因一个“缘”字。同窗之缘、同车之缘、同名之缘……

吕碧城和秋瑾的相识就因同名之缘——碧城。

1904年5月19日（农历四月初五），还在塘沽探亲的吕碧城接到英敛之夫人的来信。信中告诉她，秋瑾也曾叫碧城，想和她见上一面。

吕碧城看信后很是兴奋，随即回信：

淑仲大姊大人阁下：

日昨寄上一缄，谅邀清览。妹自拜别后，十一点到塘沽，舍亲尚无异词，诸凡安适，望释绮怀。顷奉手示，聆悉一是，而眷念之情溢于言表，读之令人不能自已。所云秋碧城女史，同时而同字，事亦甚奇。惟伊生于名地，阅历必深，自是新学中之佼佼者。若妹则幼无父兄指授，僻处乡隅，见闻狭隘，安望其肩背。然既属同志，亦愿仰瞻风范，但未识其性情能与我辈相合否？伊到津时，望即函示。此复，即颂近安。妹碧城上言。四月初五。外收本日报四张。

6月10日，吕碧城正在家里看书。突然，听到门房高举着一张名片来报："来了一位梳头的爷们儿。"吕碧城接过名片一看，正是秋瑾。

等门房将秋瑾引到门来，吕碧城看到了"作男装而仍拥髻，长身玉立，双眸炯然，风度已异庸流"。英姿飒爽、气度非凡的秋瑾瞬间征服了吕碧城。吕碧城赶紧将人让进屋来，并命人沏茶倒水。

两人一见如故，相谈甚欢。

因有太多的话要说，却又说不完。吕碧城只好留宿秋瑾，秋瑾也欣然答应。两人在吕碧城的房间里同榻而卧，交谈到深夜，从政治、经济到诗文、人生。国家的积弱凋敝、政府的腐败无能、民族的危机忧患等等都是她们关注的对象，但对这些问题的解决上，两人却有不同的选择。秋瑾是革命党人，她赞成用革命的方式救民于水火，并试图劝说吕碧城跟她一起东渡日本，筹划革命；吕碧城则是个世界主义者，虽然同情革命派，但并没有政治上的企图，相反，她更愿意从教育入手，启发民智，转移社会风气，以图济世救民。意见的不同并不影响二人的彼此认可。

第二天早晨，睡意蒙胧的吕碧城一睁眼看到一双男人的黑缎皂靴放在自己床前，心中大惊。转头一看，只见秋瑾正坐在床边的梳妆台前对镜扑粉。吕碧城这才想起昨天晚上的事，不由地笑出声来。

此次相见，尚不足思念，但两人却建立了姐妹般的情谊。分别时，两人约定，秋瑾去日本发展革命事业，吕碧城则在国内倡导舆论，遥相呼应。同时，秋瑾还慨然取消其“碧城”之名号，她觉得吕碧城已经名声大震，“碧城”一名应当为吕碧城专用。

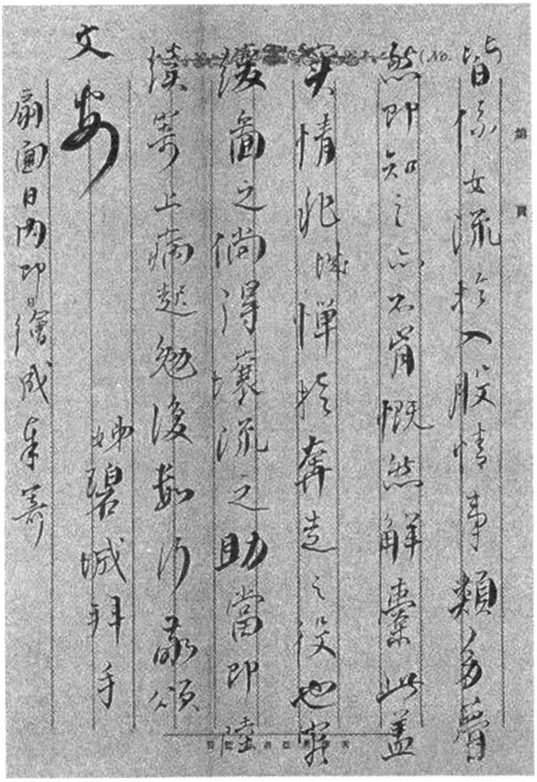

和秋瑾分别后不久，吕碧城有感于中国积贫积弱，国防不振，就在《大公报》发表《远征赋》，她在题记中写道：

兵可百年不用，不可一日不备。自来享有家国，欲为安内攘外之计，则非武备不为功。况当列雄竞争之时代，弱肉强食，各肆凭陵，尚武精神，尤为立国之要素。战国时，秦人好勇，见诸国风，而卒以兼并天下。故诗赋者，足以鼓动志气，感发性情。历来文人墨客，咏及战事，莫不作凄凉悲苦之音，使人读之，魄碎神伤，恹恹而无生气。此中国贵儒贱兵，而军务因之不振也。爰不揣俚陋，为另标新意云。

远征赋

旌旗闪闪龙蛇舞，秋风落日鸣金鼓。壮夫嘘气贯长虹，岂畏辽阳征战苦。将军出塞，烈士从征，千钧重任，一剑身轻。投笔而去，不计征程。方其列棨戟，排旗旗，有鱼阵，合鹰围，狂飙怒吼，惊砂坐飞；风雨变色，草木皆威。手提金戈叱日止，残照依伊为驻晖。而飞团匿蜀乃五陵豪迈，六郡精良，丹诚报国，热血勤王。亲友含凄，漫来挽辔；爷娘惜别，何用牵裳。盼封侯于绝域，喜衣锦以还乡。方其分袂辞家，挽弓跨骑，指边塞兮壮游踪，攀桃李兮弹情泪。山头化石，洵属贞姬；塞下为泥，方称壮士。秋高大野，讵生绮恨春愁；月冷深闺，那管云鬟玉臂。君不见葱岭榆关，突兀迢环？雕影盘青海之月，骑声绕太白之山。烟云足壮其行色，风景可破其愁颜。谁言无定河边，最多死别？试看玉门关里，岂少生还？方今海波屡扬，边氛未靖，强邻则门户是窥，列国以兵戎相竞。拓地侵疆，背盟弃信。倘武备之不修，自国威之罔振。于是主帅尝胆，国民枕戈，一将全吞渤游，三军生斩蛟龙。马伏波标越南之铜柱，班定远收汉室之河山。重整宗邦，岂以杀伤为乐？严防边海，讵能割地求和？于是玉诏班师，金铙奏凯，旗常策勋，国徽增彩。碑勒驻跸之山，兵洗条支之海。泞看熙嗥同游，澄清可待。屹屹乎雄立亚东，共乾坤而不改。

以此来疾呼中国人要振兴尚武精神，弘扬国威，抵御列强。这是对秋瑾的致敬。

1907年春，秋瑾主编的《中国女报》在上海创刊，吕碧城为其执笔发刊词。

1907年7月15日，秋瑾在绍兴遇难。吕碧城用英文写了《革命女侠秋瑾传》，发表在美国纽约、芝加哥等地的报纸上，引起巨大反响。

清廷在抓捕秋瑾时，从其住处搜查到一些和吕碧城的往来信件。吕碧城马上被视为秋瑾同党嫌疑人，浙江臬司衙门将案件公文火速报到法部，拟由直隶方面抓捕。这份公文正好被在法部任员外郎的袁克文看到，随即密告袁世凯。吕碧城曾是袁世凯在天津兴办女学的得力助手，又曾是袁府女眷的塾师。袁世凯想如果她是革命党人，自己难免会受到牵连，于是便力保吕碧城清白，将此事搪塞了过去。吕碧城幸免于难。

1916年，碧城与寒云等朋友南游杭州，专门到秋瑾墓地祭拜老友，并写下《西泠过秋女侠祠次寒云韵》七律一首：

松篁交籁和鸣泉，合向仙源泛舸眠。负郭有山皆见寺，绕堤无水不生莲。残钟断鼓会何世，翠羽明趟又一天。尘劫未销惭后死，俊游愁过墓门前。

一位革命女侠，一位文坛翘楚，缘分至此，足矣。

情殇女的花样年华

生平可称许之男子不多，梁任公早有妻室，汪季新年岁较轻，汪容宝尚不错，亦已有偶。张啬公曾为诸贞壮作伐，贞壮诗才固佳，乃年届不惑，须发皆白何！我之目的，不在资产及门第，而在于文学上之地位。因此难得相当伴侣只有以文学自娱耳。

吕碧城不是一个独身主义者，她也渴望爱和婚姻，但少年时被悔婚的经历，成了她心中永不能释怀的芥蒂。她想拥有一个温暖的家，于是，她不断地试探、不断地尝试，结果……

首先不得不说英敛之。可以说是英敛之成就了吕碧城。

当初，是英敛之给吕碧城提供食宿，让她住在自己的家里，还聘请吕碧城任《大公报》的编辑。至此，吕碧城的绝世文采才能见诸报端，才能被世人所熟知、认可，普通的吕碧城才能一夜走红上海滩。可以说，英敛之就是吕碧城成名的幕后推手，是他在吕碧城一文不名的情况下，短短几个月内，他把吕碧成推到了“到处咸推吕碧城”的高度。

当然，做这些并不全都出于伯乐之心，他也有自己的私心，那就是他对吕碧城的爱慕之情。吕碧城生的姿容秀美，英敛之一度对她痴迷不已。

他的心吕碧城了解。自从被退婚后，从来没有一个男人会对吕碧城是这样的关心和帮助。吕碧城感动，她也想英敛之谈一场浪漫的恋爱，所以，在《大公报》四年，她和英敛之保持这种暧昧的亲密关系而没有选择离开。

但二姐的到来，彻底打破了这一切。吕碧城自从在天津发迹后，把大姐、二姐、小妹都接到了天津。但二姐吕美荪和英敛之的背叛让她彻底死心。她和英敛之的言语冲突也越来越多。两人渐行渐远，最后终以“绝交”收场。

吕碧城遇到的第二个是袁克文。

袁克文是袁世凯的儿子，典型的少爷。但他并不是一个不学无术的纨绔子弟，他诗词书画，样样精通。据说，在袁世凯所有的儿子中，袁克文是袁世凯最为器重的，甚至一度想把“皇位”传给二公子。

袁克文第一次见吕碧城时，吕碧城正值妙龄。且吕碧城的诗词让他敬佩不已。种种因素的叠加，让袁克文对吕碧城爱慕不已。从此，他经常和吕碧城诗来词往，有时候还结伴同游，吕碧城也没有封建女子的拘谨，她谈吐大方，自由出入男性社交的场合。

袁克文是花心的，他追求吕碧城的时候，还在和别的女人交好。吕碧城是知道的，但她仍然和他诗词往来，甚至参加他主持的北海诗酒之会。

随着这种亲密的交往，吕碧城对袁克文肯定也是动了情的。面对袁克文的疯狂追求，换做一般的女子，也许会心甘情愿做妾做姨太太，因为那毕竟是袁家。可吕碧城想要的是一个完全属于自己的家，她希望自己的男人是专一对自己的。

于是，这一场维持了十多年的马拉松式的姐弟恋，还是曲终人散了。

期间，吕碧城还和清末使日大臣胡惟德有过一段相亲经历，媒人是傅增湘。但胡惟德并不想娶吕碧城，而吕碧城也对胡惟德没什么太多兴趣。就这样不了了之。尽管如此，相亲的失败还是让吕碧城颇为失落。她对感情变得越来越小心翼翼，不敢轻易试水，这对一个渴望家庭的女性来说是最残忍不过的了。

另外一个和吕碧城有过情感交集的男人是杨志云。

吕碧城和杨志云开始是筹诗作唱，倒是惬意。但后来杨云志移情别恋，另娶小妾小琴。心灰意冷的吕碧城写下“天地悠悠，我将安托？”

男人让吕碧城的情感躲进了硬壳里。

吕碧城开始信佛，吃素，守五戒，而且大力宣扬动物保护。1929年，她接受国际保护动物会的邀请，代表中国出席国际保护动物会在维也纳召开的会议。

1930年，吕碧城正式皈依三宝，成为在家居士，法名曼智。从此，吕碧城潜心佛学，译释佛经，著有《观无量寿佛经释论》、《观音圣感录》、《阿弥陀经译英》、《法华经普门品译英》等。

1933年，吕碧城从瑞士回国。同年5月，她与叶恭绰、王一亭、朱石僧、李经纬等人创立中国保护动物会，提倡戒杀和护生。

1937年，抗战爆发。吕碧城再次出国，从香港前往新加坡。第二年春，重返瑞士，致力于弘扬佛法，希望用佛教慈悲的理念来阻止野蛮的战争。对此，她写下：

人影帘遮，香残灯灺，雨细风斜。
门掩春寒，云迷小梦，睡损梨花。
且消锦样年华，更莫问天涯水涯。
孔雀徘徊，杜鹃归去，我已无家。

1940年，吕碧城由瑞士返回香港，捐款给国内赈灾机构，帮助抗战中流离失所的难民。后搬入东莲觉苑，虔心向佛，不问世事，只与太虚大师、常惺法师等时相过往，切磋佛理。

1943年1月24日，吕碧城在香港九龙孤独辞世，享年61岁。遗命不留尸骨，火化成灰后将骨灰和面为丸，投于南中国海。

吕碧城档案

吕碧城（1883—1943年），女，行名贤锡，后更名碧城，一名兰清，字遁夫，号明因，后改号圣因，晚号宝莲居士，法号曼智。安徽旌德人，中国作家、词人、教育家、政治人物。她提倡女学，是素食主义者和动物保护主义者，佛教居士。她是20世纪在欧美提出禁止杀害动物的先驱者之一。1930年吕碧城正式皈依三宝，成为在家居士，法名“曼智”。1943年1月24日在香港九龙孤独辞世，享年61岁。遗命不留尸骨，火化成灰后将骨灰和面为丸，投于南中国海。

陈衡哲：风格卓异的女才子

世上的人对于命运有三种态度，其一是安命，其二是怨命，其三是造命。他希望我造命，他也相信我能造命，他也相信我能与恶劣的命运奋斗。

敢于造次的小女子

> 这哭是为着快乐呢，还是惊惧，自己也不知道。但现在想起来，大概是因为这个决定太重要了，太使我像一个成年的人了，它在一个不曾经过感情大冲动的稚弱的心灵上，将发生怎样巨大的震荡呵！

一个弱女子，她敢不惧压力，书写中国现代第一篇白话小说；

一个弱女子，她敢远渡重洋，成为中国最早的官派留学生；

一个弱女子，她敢开创先河，成为中国现代第一位大学女教授；

……

她是陈衡哲，一个敢于揭示危流之争中生命痛楚和喜悦的弱女子。

陈衡哲出生于一个诗书世家，她的成就可以说和这个家庭存在着必然的联系。

陈衡哲的曾祖母订下了一个家族传统：每个出身或嫁入陈家的女子，都要在文学艺术方面有一定的造诣。

她的父亲是陈韬，陈韬是当时著名的学者和诗人，自小教她《尔雅》、《黄帝内经》等古籍。

她的母亲是庄曜孚。庄曜孚（1870—1938）女，字茝史，号六梅室主人，江苏武进（今常州）人。清末民初著名画家和书法家，与吴昌硕、齐白石齐名，以没骨花卉见长，所作扇面曾被北京荣宝斋订购，并曾赴日本和法国参展。

由于这种渊源的书香家世，陈衡哲自小就接受着与众不同的思想。

但真正影响其以后发展道路的，却另有其人。这个人就是陈衡哲的舅舅——庄思缄。

庄思缄（1866—1932年），名蕴宽，江苏武进县人。就读于江苏南青书院，清光绪十七年（1891年）考中副榜。二十七年（1901年）奉命筹办广西武备学堂。接着筹设督练公所，训练新军，三十一年（1905年），到梧州任知府，创设了中西学堂。三十三年（1906年）升任太平思顺兵备道道尹兼镇南关监督，统领边防全军，驻扎龙州，谋划边防军务。仍致力于兴办学堂，培育新人，推行新政。在龙州创立有广西陆军测绘学堂、广西边防初级师范学堂、龙州实业学堂、广西边防政法学堂、广西边防陆军步兵教导团、崇信女子高等小学、下冻两等小学等。

思想先进、开放的庄思缄经常回家探望母亲。那时，陈衡哲正好住在外祖母家。每次见到舅舅，幼小的陈衡哲总是死死地缠着这个见过大世面、满腹新鲜词的舅舅。庄思缄也毫不吝啬，把自己知道的所有事情都会告诉她。外面的世界是什么样的，洋人的生活是什么样的，洋人的学校和医院又是什么样的。有时，舅舅也会鼓励她：“你要好好学习，你是一个有志气的孩子，你完全可以成为像西方女子那样独立的女性。”似懂非懂的陈衡哲就会看着舅舅的脸微笑，好像她已经变成了舅舅嘴里那样的女性。

庄思缄后来常常对陈衡哲说：世上的人对于命运有三种态度，其一是安命，其二是怨命，其三是造命。同时，他鼓励陈衡哲要勇于造命，勇于与恶劣的命运搏斗。

也许是这些别样的世界，也许是舅舅的话吸引了年幼的陈衡哲，她有一个想法：要好好读书，有一天我可以出去看看。

在舅舅家住的这段时间里，陈衡哲感到自己长大了许多，她想飞。世界这么大，她想飞出去看看。

13岁那年，她随舅舅去了广东。在这里，陈衡哲便在舅舅的指导下自学。不仅如此，舅舅还专为她请了家庭教师，教授她各方面的知识。

1911年，她又一次与亲人别离，独自前往上海求学，开始她的造命之旅。

当时，蔡元培在上海创办爱国女校。因庄思缄和蔡元培是好朋友，陈衡哲便拿着舅舅的推荐信来学校找蔡校长。遗憾的是，蔡元培因放假不在，陈衡哲便投奔了当时一所教会女子学校。但这里的一切令她大失所望。几年的时间，只有英语学得还算可以，其他各门功课几乎没有一点建树。她感到郁闷。

更令她郁闷的是，此时，父亲给她定下了一门亲事，命她回去完婚。

当姑母把这个消息告诉她时，陈衡哲大声喊道：“我不去！”姑母每次劝说，她总是用手捂住双耳，大声疾呼：“我不听，我不听！”甚至头也不回地冲出门外。没有办法，姑母只得写信告诉陈衡哲的父亲陈韬：不要强迫小哲，慢慢来。

岂料，陈韬也是满脑子的封建伦理。一个当女儿的连父亲的话都敢不听，成何体统？况且，答应别人的亲事，怎么能反悔呢？恼羞成怒的陈韬给女儿下了最后通牒：赶快回来完婚，否则停止提供学费。

父亲的专横让陈衡哲伤心不已。她看得比生命还重要的学业将要中断，顿时让她丧失了生活的信心。陈衡哲的姑母是一位大家闺秀。她不仅知书达理，具备中国妇女的传统美德，而且胸怀宽广，宅心仁厚。是姑母给她备至的关怀，让她脆弱的心也稍稍安定下来。

1914年，清华大学在上海招收留美学生。听到这一消息，陈衡哲既兴奋又忧虑。兴奋的是，她终于有一个机会可以真正走出去；忧虑的是，她担心自己的文化程度不能考取。忧虑的情绪让她开始变得焦躁不安。姑母看出了她的心思，就给她打气。在姑母的鼓励下，陈衡哲恢复了自信，参加了考试。不久，结果出来，陈衡哲被录取了！

听到这个消息，陈衡哲哭了。而且是哭了又哭，好像把所有的委屈都要哭出来一样。

8月15日，是陈衡哲留洋启程的日子。她说："生命中最黑暗、最痛苦的一页终于翻过去了。"这天，陈衡哲站在轮船的舷边，任凭长发随风飘起。

轮船渐渐离开，渐渐驶向大海；陈衡哲也渐渐驶向一个美好的未来，这是她造命之旅真正的开始。

和胡适扯不清的爱恨情仇

> 我无法忍受和一个陌生人结婚，但我早年所受的教育和所处的环境都让我无法想象自己能选择自己的丈夫而又不自轻自贱。……所以终身不婚的决心轻易地战胜了一般年轻女孩对感情满足的渴望。

到美国后的陈衡哲，就读于美国著名的女子大学——瓦沙女子大学，开始专修西洋历史，同时学习西洋文学。在这里，她认识了自己后来的夫君——任鸿隽。

任鸿隽（1886—1961年），字叔永，清光绪十二年（1886年）12月出生于四川省垫江县（现属重庆市辖县），祖籍浙江湖州。著名学者、科学家、教育家和思想家。辛亥革命元老，我国近代科学的奠基人之一。

任鸿隽当时在哥伦比亚大学攻读硕士学位，并为《留美学生季报》的编辑。一天，任鸿隽收到一篇投稿《来因女士传》。说的是一个兴学女子的故事。故事虽简单，但叙述语言却娓娓道来，甚是动人。于是，他便想认识一下这位署名莎菲的写作天才。

莎菲不是别人，正是陈衡哲。

1916年夏，在一个火热的季节，两人见面了。

任鸿隽和陈衡哲的会面是愉快的。两人的交谈也是畅爽的。任鸿隽谈吐非凡，将自己并不长久的人生描绘的有声有色；陈衡哲毫不隐瞒，将自己如何受舅父教诲，受姑母鼓励，以及自己的志向，特别是如何打算献身于事业，不论婚嫁等等，完完整整地告诉了这会彬彬有礼的男人。

陈衡哲娇美的面容、不俗的学识、造命的勇气在任鸿隽的脑海里翻腾、翻腾。任鸿隽决定追求她。

才子配佳人，完美的剧本。但现实往往会给这完美中制造意想不到的挫折和波澜。这次，给他们制造波折的是那位中国现代史上最著名的学者之一——胡适公。

有趣的是，陈衡哲和胡适的相识还是任鸿隽促成的。

1916年，胡适收到任鸿隽寄来的两首五绝，《月》与《风》，请他猜作者。

月

初月曳轻云，笑隐寒林里；

不知好容光，已映清溪水。

风

夜间闻敲窗，起视月如水；

万叶正乱飞，鸣飙落松子。

胡适在回信中说道：“两诗绝妙！《风》诗我三人（任、杨及我）若用气力尚能为之；《月》诗则绝非我辈寻常蹊径。……足下有此情思，无此聪明；杏佛有此聪明，无此细腻，……以适之逻辑度之，此新诗人其陈女士乎？”

胡适猜中了！胡适也通过任鸿隽和陈衡哲建立了通信联系。在此后的半年光景里，两人通信多达40余次，几乎每三天就有一封。两人在书信中反复探讨白话文学的可能性和可行性，有时也会斗斗嘴，切磋切磋文字。

比如，就称呼问题。胡适来信说：“你若‘先生’我，我也‘先生’你，不如两免了，省得多少事。”陈衡哲便回信：“所谓‘先生’者，‘密斯特’云也。不称你‘先生’，又称你什么？不过若照了，名从主人理，我亦不应该，勉强‘先生’你。但我亦不该，就呼你大名。还请寄信人，下次寄信时，申明要何称？”你来我往的文字斗法，让胡适大呼投降：“先生好辩才，驳我有口不能开。仔细想起来，呼牛呼马，阿猫阿狗，有何分别哉？我戏言，本不该。下次写信，请你不用再疑猜，随你称什么，我一一答应响如雷，决不再驳回。”

看是文字游戏，却也反应出两人的关系在渐入佳境。

1917年1月，胡适发表《文学改良刍议》，呼吁文学革命。但很多人对此持否定态度，就连胡适的好友任鸿隽也很不以为然。只有陈衡哲毫不犹豫地表示赞同。更重要的是，陈衡哲不光嘴上说说，而是以实际行动表达了自己的支持。5月，她在《留美学生季报》上发表了自己的白话小说《一日》，这是真正意义上的第一篇白话小说，比鲁迅先生的《狂人日记》早了一年。而后，她又发表多篇白话文小说，这是毫不保留地支援。后来，胡适自己也说，陈衡哲是他倡导文学革命的“最早的一位同志”。

陈衡哲、任鸿隽、胡适，三人的关系变得迷离起来，也许再好的编剧也难以写出他们的结局将会怎样。这时，上苍给出了答案。

1917年底，一向听话的胡适奉母之命回国完婚，娶妻江冬秀。江冬秀是胡母在他13岁时给他选定的媳妇，胡适对江氏并非全无感情，又感她苦等多年，娶其为妻也在情理之中。胡适这么突然的结婚让陈衡哲倍感失落。陈衡哲多年来一直抱有独身主义的观点。对于婚姻，她的看法是："第一，我希望能保持自由以便实现自己在知识界发展的志向，但我所认识的已婚女子中没有人能享受太多地自由。第二，我见过太多分娩的不正常状态，所以根本不想亲身经历。第三，我无法忍受和一个陌生人结婚，但我早年所受的教育和所处的环境都让我无法想象自己能选择自己的丈夫而又不自轻自贱。……所以终身不婚的决心轻易地战胜了一般年轻女孩对感情满足的渴望。"

胡适的离开又真真成全了任鸿隽。

1919年，原本已回国的任鸿隽，再次赴美，他这次回来的目的只有一个：陈衡哲。三万里的求婚诚意彻底打动了陈衡哲。也许是因为胡适的离开，也许是因为任鸿隽的仁厚，陈衡哲终于放弃了坚持多年的独身主义。

1920年，任鸿隽、陈衡哲在北京举行了婚礼，蔡元培是证婚人。胡适也送来贺联：无后为大，著书最佳。

1920年夏，陈衡哲获芝加哥大学的硕士学位，得胡适帮助，被聘为北京大学西洋史英文系教授，成为中国近代教育史上第一位女教授。

对于三人的关系，胡适在《新青年》上发表了一首诗《我们三个朋友—赠任叔永与陈莎菲》：

雪全消了，春将到了，只是寒威如旧。冷风怒号，万松狂啸，伴着我们三个朋友。风稍歇了，人将别了——我们三个朋友。寒流秃树，溪桥人语——此会何时重有？

三人的关系似乎恢复如初。

1921年7月31日，胡适在日记中写道：“得冬秀一信，知叔永、莎菲新得一女，因到鸡鸣寺，作一诗贺他们。”其中最后两句是“去年湖上人都健，添得新枝姊妹花”。胡适还特地在他的诗末加注说：“三个朋友一年之中添两女，吾女名素菲，即用莎菲之名。”胡公对国人取洋名是颇多反感的，但自己却给女儿取一个与陈衡哲相谐音的洋名，不得不令人遐想。

对此，海外学者唐德刚据此怀疑胡适暗恋陈衡哲，夏志清教授则通过研究陈衡哲的小说《洛绮丝的问题》认为陈衡哲爱慕胡适。

陈衡哲和胡适的关系到底怎样，也许只有当事人自己知道吧。

精微的贤妻良母

家庭的事业是可敬的，虽然家务辛劳，牺牲很大，但做贤妻良母的人，都是无名英雄。她以为母职是一件神圣和特殊的事业，所以为人母、为人妻的，应当尽力去做一个贤妻良母，并由自己做模范，以培养儿童的人格。女性在服务家庭的同时，也能发展个人事业。

陈衡哲是中国现代第一位大学女教授，有着较高的社会声望和地位，是很多人不能企及的，好像是不食人间烟火的高高在上的女神。实际并非这样，她是位女性，同样具有与生俱来的母性。

中国封建社会讲求女性要有“三从四德”，长期以来，女性在政治、经济、文化、教育以及社会生活等许多领域上还处于极其卑微的地位，当时的女性要想成就一番事业，所需要付出的是几倍于男人的艰苦和努力。年轻的陈衡哲是其中的受害者也是反抗者。年轻时，她拒绝缠足、反抗包办婚姻、力争求学，她没有传统妇女婉约顺从、多愁善感的性格，而有刚强不屈、坚持真理的个性。

“五四运动”时期，陈衡哲就对妇女问题极为关注，为此，她发表了很多有思想、有见地的文章。比如《复古与独裁势力下妇女的立场》、《妇女问题的根本谈》等，从不同方面谈论女人与政治、家庭、教育等问题。她认为男女是平等的。她说：“为了这个男女平等的个性，我们便不得不要求一个女子发展个性的平等机会，一个在教育上、环境上以及职业上的平等机会。”“我并不是相信女权高于一切者，我也不相信智愚贤不肖的分类，是可以用一个简单的性别作为标准的；故我不愿把男子看成妇女的敌人。”“并不是说，每一个女子都须受到与男子同样的教育，或做同样的事业。我们不要求这类数学式的平等。我们所要求的是一个与男子平等的发展个性的机会。”

她陆续又发表了很多关于妇女和家庭的见解。“凡是靠了体力及智力所做的有目的和有成绩的工作，都可称为职业”“贤妻良母的责任，不比任何职业卑贱”“帮助她们能自己解放自己，从牢笼中跳出来，光明磊落、堂堂正正做人”“一个真正解放了的女子，必是受过相当教育，明了世界大势，有充分的常识，独立的能力，与自尊的人格的”。

这是一个女强人对中国妇女的关注和期望。这是她表达的对中国母性的赞美和期许。当母性发生在自己身上时，她毫不犹豫地践行自己的理念。

20世纪三十年代后期，陈衡哲的事业正是辉煌的时候，她却毅然选择辞职，回家做一位全职母亲，专心教育三个孩子。很多朋友表示不解，纷纷劝说。但她依然决绝坚持自己的决定。她说：“母亲是文化的基础，精微的母职是无人代替的……当家庭职业和社会职业不能得兼时，则宁舍社会而专心于家庭可也。”

事实证明，陈衡哲的选择是正确的。她的两女一子都很有出息：长女以都，颇有自己当年的风范，获美国哈佛大学博士学位，在美国任大学教授；次女以书毕业于美国瓦沙女子大学，很有孝心，大学毕业后，回国照顾双亲，任教于上海外国语学院；三子以安获美国地理学博士学位，同大姐一样在美国任大学教授。

一家五位教授，真豪门也！

碧血丹心的护国者

一个有气节的民族是不但不会畏惧外来的侵凌，并且还能利用它，使它的磨折成为一个身心交织的火洗礼，然后再从那灰烬之中，去淘出那愈烧愈坚的真金来。

陈衡哲那代的中国知识分子，无不目睹了中国之落后，无不经历了离乱之痛苦。但他们没有在苦难的社会中选择逃离或者沉沦，他们选择的是炽热的碧血丹心和改变祖国命运的宏伟目标。陈衡哲选择成为他们其中的一员，况且，她从小就是一名“造命者”。

1923年，陈衡哲在写给胡适的一封信中说道：“我所能努力的，是借了文艺思想来尽我改造社会心理的一份责任。”这是“造命”的心理，她正是抱着这种“造命”的责任以其特有的目光关注社会、提炼文艺思想、拯救麻木的国人。

1931年9月18日夜，在日本关东军安排下，铁道“守备队”炸毁沈阳柳条湖附近日本修筑的南满铁路路轨，并栽赃嫁祸于中国军队。日军以此为借口，炮轰沈阳北大营，俗称“九一八事变”。九一八事变掀开日本帝国主义侵华的罪恶篇章。

九一八事变后，陈衡哲愤然致电疾呼抵制日本人。此后，她还多次撰文揭露日本侵略者的罪行和阴谋，阐述“多难兴邦”的哲理。当时，政局动荡，很多人选择出国，但陈衡哲夫妇却坚决选择留在国内，因为他们立志为国家效力，舍不得离开这块土地与同胞。陈衡哲认为当国家处于危急关头时，每个国民都应该牺牲奉献，贡献一己所能。“假若我们能把自己的种种享乐，放到一个角落里去，把国家与人道，移置到我们生命的中心点来，我们便将立刻感到一种恬淡静寂的味道，觉得身心自由，不为物驭了。”

1935年6月，陈衡哲从民族命运出发，撰写了《我们走的是哪一条路？》，她认为中国人应该走一条“内在的预备”之路，“即是在大难当前的时期中，每一个人都应该咬着牙齿，先把自己的身体培植得受得起磨折的程度。然后再把自己造成一个有用的专门人才，各在各的本分之内，把能力与知识弄得充充实实的，听候国家的征求与使用。但最基本的预备却是在人格的一方面。俗语说的，‘真金不怕火烧’；故一个有气节的民族是不但不会畏惧外来的侵凌，并且还能利用它，使它的磨折成为一个身心交织的火洗礼，然后再从那灰烬之中，去淘出那愈烧愈坚的真金来”。

1935年8月，陈衡哲的丈夫任鸿隽被任命为国立四川大学校长，陈衡哲义无反顾地跟随丈夫投身到民族复兴的事业中去。入川后，陈衡哲在四川大学教授西洋史。同时，她还急切关注当时四川的社会问题。

为此，她撰写了《川行琐记》。揭露四川地方当局和社会的腐败黑暗。她写道："在成都住的人，平均每隔十五天才能见到有热力的阳光一次，每隔四十五天才能见到一次照耀终日的太阳。"她还建议把四川省改成"二云省"："朋友说，'云一而已，那来二云'？我说，还有那吞云吐雾'云'呢！我告诉您这句话，为的是要您知道，四川在这二云笼罩之下，是怎样的暗无天日呀！"。

她的良苦用心没有换来麻木者的觉醒，换来的是群起而攻。他们咒骂陈衡哲是"学了点洋皮毛的女人"、"摆洋架子和臭架子的阔太太"、"卖弄华贵的知识分子"和"文化领域中的汉奸"。更有甚者，竟然攻击陈衡哲的私生活，拿胡适说事。

忍无可忍的陈衡哲愤然辞职，带着儿女回到北平。一年后，任鸿隽毅然辞去川大校长职务。虽然行政院、教育部和四川省政府极力挽留，胡适、王世杰、翁文灏等好友也诚恳劝驾，但在陈衡哲的坚持下，任鸿隽依然辞职，和老婆同进退。

1937年，抗日战争全面爆发，陈衡哲带着三个儿女，从北平逃到庐山。当时，任鸿隽正在山上出席蒋介石主持的庐山谈话会。不久，日军大规模南下，陈衡哲又带着全家逃往广州，经过多番辗转，最后抵达香港。1941年12月，日本偷袭珍珠港，香港总督杨慕琦投降，香港沦陷，陈衡哲只好又带着儿女登上前往法国的轮船。

1942年，陈衡哲又经辗转回到重庆江北任家花园，全家人终于团聚。这次，他们断断续续在这里住了五年。

此间，陈衡哲曾应周恩来之邀到红岩村访问。

1943年初，暂居重庆的陈衡哲，受周恩来的邀请，前去中共南方局所在地红岩村拜访。当天，陈衡哲坐专车至化龙桥，然后坐滑竿到红岩村。陈衡哲到达时，已在红岩等候多时的周恩来非常热情地迎了出来，说：“陈先生，我是您的学生，听过您的课，看过您写的书。”

这是陈衡哲的荣耀，多年后想起，她仍是激动不已。

抗战胜利后，陈衡哲全家回到上海。1946年应邀到美国国会图书馆担任研究指导员，次年回国，此后长期隐居上海。

1949年，中华人民共和国成立后，陈衡哲被任命为上海市政协委员，但她从未参加过会议。

1976年1月7日，86岁高龄的陈衡哲因肺炎及并发症病逝于上海。

中国现代著名的一代女神生命就此终结……

陈衡哲档案

陈衡哲，（1890—1976年），笔名莎菲，原籍湖南衡山，生在江苏武进。幼年在亲友辅导下读书。1911年到上海，进爱国女校。1914年考入清华学堂留学生班，成为清华选送公费留美的女大学生之一。中国第一位公派女留学生，中国第一位以西洋史为专业的留学生，中国第一个白话文小说家，中国第一位新文学女作家，中国第一位女博士。1976年1月7日，86岁高龄的陈衡哲因肺炎及并发症病逝于上海。

赵一荻：天生丽质的赵四小姐

为什么才肯舍己？只有为了爱，才肯舍己。世人为了爱自己的国家和为他们所爱的人，才肯舍去他们的性命！

天空中那朵绚丽的彩霞

在中国人的概念里，每当有大人物降生时，总会有异常情况显现。或狂风大作，或雷电交加，或鸡飞狗跳，或……。只有这些异常才能显示这个人物的不同凡响，也能反映这个人物的与众不同。有人说，这是迷信，非科学的。但又有很多事情是现代科学无法解释的，不是吗？

一位性情至纯的青春少女，为爱情弃父离家；一位至真至爱的红颜知己，为英雄耗尽韶华。赵一荻，一个不凡的女人。为了张学良，她甘受幽闭之苦；为了张学良，她甘居荒野山间；为了张学良，她奉献了温情；为了张学良，她揽下了寂寥……她倾其一生，只为与相爱的人共度年华。

1912年，中国的天空出现异象。

这一年，可谓是复杂多变的一年，也是不平静的一年。这一年，孙中山在南京就任中华民国临时大总统；这一年清帝下诏退位，清朝覆亡。这一年，袁世凯在北京就任临时大总统，中国进入北洋政府军阀混战时期……

在这不平静的时刻天生异象会有什么大事发生吗？

那天，在香港。天空还是灰蒙蒙的时候，突然，一道亮丽的霞光出现，照耀着大地。早起的人都停下来观看。

“好美的霞光！”

“这会是祥瑞吗？”

……

此刻，香港的赵庆华府里人来人往，忙碌个不停。不是别的，赵庆华的夫人正在生产。当这霞光照下时，赵府的人也都惊奇地指指点点，赵庆华抬头看看那绚丽的霞光，心里一喜，是祥瑞之象，是吉兆！

思绪间，只听得一阵高亢的啼哭声袭来，生了，是个千金。

伴随着这哭声，那霞光越来越大，越来越亮。这霞光如织锦般华美。

赵庆华心情欢喜，给女儿取名绮霞。既是为了记住这祥瑞之光，也是为了想让女儿的人生如这霞光般璀璨耀眼。

其实，这赵庆华也并非一般角色。在北洋军阀统治时期，他担任过津浦、沪宁、广九等铁路局局长、政府交通次长、东三省外交顾问等职务，在北洋政府时期是以梁士诒、曹汝霖、叶恭绰等人为首的交通系中的要员。趁职务之便，赵庆华积累了不菲的资产。

在这样的家庭里降生，可说是小绮霞的幸运，她能够衣食无忧，过着摘星揽月的小公主的生活。

在这样的家庭里成长起来的女孩也多骄纵跋扈。但小绮霞不是，她是一个纯朴而善良的姑娘，是个真真正正的大家闺秀。这要得益于她的母亲。绮霞的母亲出身平民，贤惠、勤劳，具有东方女性的传统美德。她忍辱负重，把全部心思放在抚养和教育子女上。正是在母亲的良好教导和美德的潜移默化下，绮霞才有了美好的情操。

后来，小绮霞有了自己的英文名字“Edith”，中文谐音“一荻”。她喜欢这个名字，所以以后就一直沿用了这个名字——赵一荻。又因赵一荻在家中姊妹中排行第四，家里人都亲昵地称她赵四，后来，社会上的一些人士称呼她为赵四小姐。“赵四小姐”名扬天下。

其实，他们在香港没待多长时间，就移居到了天津。赵一荻的人生记忆也是从天津开始的。

20世纪20年代的天津，经济发达，市面繁荣，还有许多中国政府管不着的外国租界。各种便利条件使得天津成为达官显贵们向往的宜居城市。天津也渐渐地形成了一个上流社会阶层。

在这里，赵一荻生活、学习，直到十五六岁。在性格上，她开朗活泼、亲切和善；在学习上，她刻苦用功，勤勉努力。因此，她也深受师生们的喜爱。

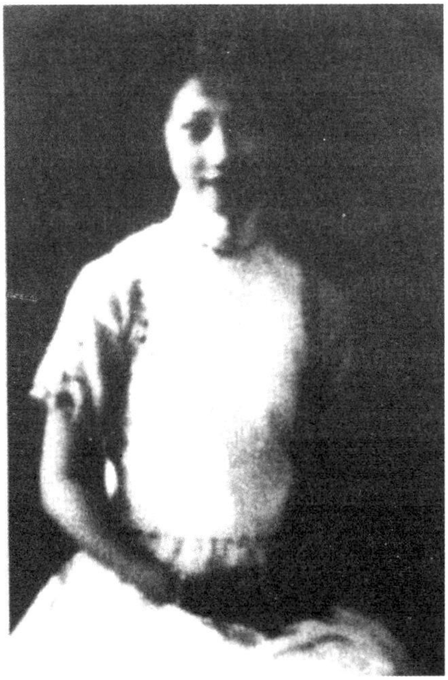

少女时代的赵一荻

因家庭的原因，她的家里颇多应酬，姐姐们都非常热衷参加各种社交活动，但赵一荻不喜欢。她不喜欢打扮，可身材苗条颀长、端庄俊秀的她根本不需要打扮就已经显得流光溢彩、楚楚动人了。每每有活动时，她总是说功课忙，就推掉了。她不喜欢参加这些无聊的舞会活动，她更想在书房里安安静静地看看书。

看到这种情况，姐姐们都劝赵一荻多出去走走，去见见世面，去开开眼界。开始时，赵一荻是拒绝的，但在姐姐们的坚持下，还是参加了。

正是这次的改变，改变了她的整个人生轨道，因为她在舞会上认识了张学良，一个让她追随一生的男人。

为英雄弃父离家

月下老人千里牵红线，姻缘由天定，也许只是美丽的传说，但是如果无缘，可能人近在咫尺终生也不会互相看一眼，更不会相识、相爱。

赵一荻的传奇人生正是从认识张学良开始的。

张学良（1901年6月3日—2001年10月14日），字汉卿，号毅庵，乳名双喜、小六子，汉族，籍贯辽宁海城，祖籍河北大城，奉系军阀首领张作霖的长子，是民国四大美男子之一，陆军一级上将，人常称之为“少帅”。1920年，毕业于东三省陆军讲武堂。1928年6月，继任东北三省保安司令，正式坐领东北。同年12月，毅然宣布改旗易帜，服从南京国民政府，并成为蒋介石的把兄弟，任命为东北边防军司令长官。1936年12月12日，与杨虎城将军发动了西安事变。后遭蒋介石父子长期软禁。1990年恢复人身自由。1995年离台侨居美国夏威夷。2001年10月14日病逝于檀香山，享年101岁。

“少帅”张学良为人正直，性情豪爽，乐善好施，待人宽厚，而且还文武双全，情趣高雅，颇有古代文人雅士之风。

赵一荻和张学良在天津相识。1926年前后，在姐姐们的带动下，赵一荻也出于好奇，常来天津的交际舞会看热闹。时值张学良的天津私邸在旧法租界32号路54号。经大姐赵绛雪介绍，赵一荻与张学良相识了。

其实，在此之前，张学良就想认识赵一荻了。

事情是这样的：

赵绮雪的丈夫，也就是赵一荻的姐夫冯武越出身于外交官家庭，在海外读书多年，深得少帅张学良的赏识，被留在身边任东北航空公署设计主任和东北文化社主任等职。后来，他在张学良的资助下，在天津创办了以京津新闻为主要内容的《北洋画报》。其中有一期的封面就是正值青春好时光的赵一荻的玉照。

一日，张学良闲来无事，翻看着冯武越给他送来的《北洋画报》，突然，封面上的一张照片吸引住他的视线。照片中的女孩儿头戴当时流行的宽沿小帽，身着洁白的纱质公主裙，巧笑嫣然，顾盼生辉，打扮得既时髦又自然流露出一种清新脱俗的气质，让人赏心悦目。张学良立即被她所流露出来的清新气质、被她星星般明亮单纯的眸子打动，不禁产生了见见这位清纯少女的冲动。

照片上的这个女孩儿就是赵一荻。

是机遇巧合，是命运巧合，这对跨越世纪的恋人终于见面了。

见面后的两人一见钟情，从此坠入爱河。如漆似胶，不能自拔。

一位是二八年华，俏丽佳人；一位是将门之后，英年才俊。应是天作地和的一双，让人有种只羡鸳鸯不羡仙的感叹。可有人不这么认为，他就是要棒打鸳鸯。这个狠心人就是赵一荻的父亲赵庆华。

赵庆华得知女儿和张学良在一起，顿时气得七窍生烟，因为张学良是有妇之夫。为了阻止女儿和张学良的来往，父亲将赵一荻软禁起来。但在六哥赵燕生的暗中帮助下，赵一荻逃出了家门。

为了追随自己心目中的英雄，为了自己至死不悔的爱情，赵一荻与家人不辞而别，毅然只身前往东北，来寻找张学良。

得知女儿离家出走后，赵庆华气急败坏，在报纸上发表声明，断绝和赵一荻的父女关系。声明称："四女绮霞，近日为自由平等所惑，竟自私奔，不知去向。查照家祠规条第十九条及第二十二条，应行削除其名，本堂为祠任之一，自应依遵家法，呈报祠长执行。嗣后，因此发生任何情事，概不负责，此启。"

随后，赵庆华声称自身惭愧，辞退官职，回家隐居去了。

父亲的声明对年仅十七的赵一荻来说，是一记重击。她伤心地说："父亲大人对我是真的伤透心了，一直牵挂的母亲可能今生再也见不到了。汉卿，我今生只有你一个亲人了。"

对于赵庆华的声明，外界也存在不同解读。有人说张赵两家父一辈、子一辈，素有往还，赵庆华夫妇该知道张学良与女儿两情相悦之事。他们也欣赏张学良的才华，可怎么也不能明说让女儿许给已有家室的张学良，那让自己还如何有脸面对众人呢。只有这样做才既断了有情人的退路，促其亲成，又挣得了门庭清白，不失身份，真假混淆，一举两得。这是赵庆华高明的地方。

不管如何解读这份声明。父亲对女儿的爱不变，女人对情郎的爱不摇。

来到张学良身边的赵一荻并非万事无忧。在少帅府，张学良的原配夫人于凤至并不认可她，只给她秘书的地位，没有给她正式夫人的名义。但这些对能弃父离家来到张学良身边的赵一荻来说，又算得了什么。只要她能够陪伴在张学良身边就够了。此后，她心甘情愿地以秘书身份陪伴着张学良。心胸大度、温柔贤惠的于凤至终于被赵一荻的一片真情所感动，力主在少帅府东侧建起一幢小楼，让赵四小姐居住。两人还以姐妹相称，和睦相处。二女共事一夫，张学良坐享齐人之乐。

1929年，赵一荻为张学良生下了惟一的儿子——张闾琳。

幽禁的日子无所畏惧

他在群山环抱中饱尝与世隔绝的软禁之苦。幸好身边有一位知心相伴，他们相濡以沫，携手度过了无数的日出日落。

1931年9月18日，日本军队以中国军队炸毁日本修筑的南满铁路为借口而占领沈阳，史称“九一八”事变。事变爆发后，张学良奉行不抵抗政策，手握强大的东北军而一味撤退。祖国的大好河山被日军占领，东北沦陷。

愤怒的人们把怒火都发泄在了张学良身上，称其为“不抵抗将军”。不仅如此，怒火还燃烧到了赵一荻的身上。有人痛骂赵四小姐就是那“红颜祸水”。其有广西大学校长马君武不顾事实真相，作《哀沈阳》七绝二首，其中有一首写道：

赵四风流朱五狂，翩翩蝴蝶正当行。

温柔乡是英雄冢，哪管东师入沈阳。

其中“赵四”就是指赵四小姐赵一荻。有人为之愤慨，有人为之不平，但赵一荻却一笑置之，不争辩也不反驳。为此，她还给张学良写了一封信。信中说：“我不计较，更不悔恨，只因为我有了两个‘他’。”赵一荻所说的两个“他”，是对她最重要的两个男人，一个是爱人张学良，一个是爱子张闾琳。

焦急不安、心力交瘁的张学良，读到赵一荻的这封信，心里顿时平静了很多。这是燥热天气里的一汪清水，抚慰着少帅的心。

1936年12月12日，为了逼迫蒋介石抗日，张学良发动震惊世界的“西安事变”。用兵谏这一极端的方式迫使蒋介石结束内战，一致对外。后经中共和国名党的共同努力，西安事变得到和平解决后，为示负责，张学良亲自送蒋介石回南京。但他的义气并没有换来谅解，得到的是长达半生的幽禁。

出于人道，国民党当局允许张学良的夫人于凤至、赵一荻和他同住。两人商量之后，决定二人轮流来此陪伴张学良。

当时，张闾琳还小，正是需要母亲在身边照顾的年龄。于凤至为了使赵一荻更好地抚养幼子，便说服赵一荻返回上海，自己留下照顾张学良。而后的三年幽禁中，于凤至深受奔波之苦，乳房烂疮日渐加重，张学良便向军统局局长戴笠提出，让于凤至出去治病，由赵一荻来照料自己的生活。蒋介石批准了张学良的要求。

此时，如果赵一荻拒绝前去也是可以的，毕竟张闾琳还需要母亲的照料。但她觉得张学良更需要她的陪伴，宁可母子离别，也要去照顾张学良。为此，她把闾琳托付给十分信赖的美国朋友照料，只身前往，陪同张学良一起过幽禁的生活。此后，赵一荻就再也没有离开过张学良，一直到生命的最后时刻。

1941年5月，张学良患急性阑尾炎，赵一荻陪他到贵州中央医院做手术，出院后他们又被蒋介石幽禁在贵阳黔灵山麒麟洞、开阳刘育。1944年冬迁至贵州桐梓，在桐梓天门洞一直软禁到抗战胜利。1946年移居到重庆歌乐山松林坡。

1946年11月1日，被蒋介石秘密关押在重庆松林坡公馆的张学良、赵一荻被告知，第二天动身，飞机已安排好了。他们听到这个消息没有任何反应。这些年他们被关押的地方太多了，已经麻木了。但是他们不知道，这次是去台湾。而且这一去是永别故土，没有了归期。后来，从他们的日记中可以看出，张学良、赵一荻是在飞机落地后，才知道自己被送到了台湾。他们下飞机，再经新竹，于11月3日13时左右，抵达井上温泉。

他们居住在井上温泉的一栋平房里。据说该平房是日据时期由日本人设计建造的木板房。这里远离尘嚣，隐于青山绿水之间，倒也清净、自由。

1947年，台湾爆发了“2·28”事件。

初到台湾

1947年2月28日上午，台北市大批市民涌到台湾省专卖局大门前，抗议27日傍晚专卖局查缉员因缉查私烟而殴打妇女的事件。市民们冲入专卖局台湾分局，要求给个说法，并将该分局局长及3名职员打伤。大批的案卷、物品被掷在马路点火焚烧。下午，市民们汇集到台湾行政长官公署前的广场，准备派代表向行政长官要求改革政治。此时，部署在公署楼顶的士兵用机枪向广场人群开火，致使数十人死伤。事发后，全城一片混乱，各商店关门，工厂停工。激动的市民们占领了台北广播电台，向全岛广播台北的流血事件。骚乱随即向台湾各大城市蔓延。至3月8日，人们控制了台湾的大部分地区。国民政府一面组织处理委员会压制舆论，一面调集两个师在美军飞机、军舰护送下于基隆登陆，在全省范围内对起义人民进行大规模血腥镇压，群众被杀害达3万多人。这事件被称为“2·28”事件。

赵一荻在西子湾的书房

这次事件也让张学良、赵一荻还没平静几天的山中生活，受到不小的冲击。更可怕的是他们的自由再次被严格限制。

10月，因一次偶然的机会，张治中会见了张学良。蒋介石听到后，大发雷霆："以后没有我的允许，谁也不能去见张学良！"

从1948年开始，蒋介石对张学良的"管束"更加严格，在后来很长一段时间，外界再无任何张学良与赵四小姐的音讯，也无人再敢未经批准前去探访。

从1946年到1960年间，张学良和赵一荻都被幽禁在井上温泉。当然，中间也有转移，最后还是被送回到井上温泉。

直到1990年，张学良幽禁的日子才算结束。在此期间，赵一荻从未离开过他。

姗姗来迟的婚礼

春去秋来，年华流逝。人间最无奈的恐怕就是英雄迟暮，美人白头。但是红颜白发遮挡不住她的美丽。苦等三十六载，终于走入婚姻的殿堂。这是一种伟大的爱情——相依相守、不离不弃、白头偕老。

在张学良和赵一荻的后半生里，两人为了寻求心灵的净土，决定皈依宗教，想成为虔诚的基督教徒。

但出现了一个问题。

张学良要想成为一个虔诚的基督教徒，就必须严格遵循基督教的规定。基督教规定一夫一妻，但张学良此时拥有妻子于凤至，还有赵一荻。宋美龄认为拥有两个女人的张学良的婚姻状况不符合基督教义的规定。他必须做出选择，是于凤至还是赵一荻。张学良的内心是痛苦的，挣扎的。但最后，他还是做出了艰难的选择：和于凤至解除婚姻。

张学良给于凤至写信说明情况。信是由女儿闾瑛带到美国去的。信交到在美国的于凤至手上时，这位女人没有歇斯底里，有的只是理解和宽容："我是个通情达理的人，汉卿的苦处我知道，你们的心意我也明白。我知道，赵四小姐是个少有的女人，这么多年来，她陪着汉卿同生死、共患难，这是一般人做不到的，我十分敬佩她。如果是赵四小姐陪着汉卿，汉卿高兴，我也就放心了。至于我所谓的委屈，和他们所受的无边苦楚和寂寞比起来，又算得了什么呢？我要成全他们。”

很快，于凤至就给张学良回信，答应和他离婚。1964年3月，张学良和于凤至正式离婚。

1964年7月4日，张学良与赵一荻正式结婚。在和张学良生活了36年后，赵一荻才得到了正式的名分。尽管她并不在意名分，但这是于凤至对她的成全，上苍对她的眷顾。她为了爱，历经折磨和痛苦，但在此刻，她无比的幸福。

赵一荻和张学良的结婚典礼在台北举行，宋美龄、张群、王新衡、何世礼、张大千、莫德惠、冯庸、黄仁霖、文华等人出席了典礼。

那日，一辆银灰色的小轿车缓缓停在了大教堂前面的碧绿草坪，从轿车里携手走下来的是今天的新郎和新娘——63岁的张学良和52岁的赵一荻。张学良穿着笔挺的黑色西装，雪白的衬衣，领口系着红色的领结，两鬓有些斑白了，脊背有些驼弯了，但他今天精神抖擞；赵一荻穿着白色上衣、黑色百褶裙，完美的搭配让她显得风采依旧，丝毫不输年轻时的貌美和气质。

在众人热烈的掌声中，在亲友们的簇拥下，这对老“新人”相互搀扶着走上红地毯，走向神坛。

“张学良先生，赵一荻女士，你们是真心信奉上帝的吗？”

“是的，我们真心信奉上帝！”他们抬起头专注地看着神坛上悬挂的十字架，回答是那样的坚定。

牧师在胸前画了一个十字，然后用庄重的声音说：“主会保佑你们的！”

随后，开始了他们的结婚仪式。

牧师走下神坛，来到张学良跟前，指着身旁的赵一荻，神情严肃，缓慢而又郑重地问道：“张学良先生，你愿意娶你身边的这位女子为妻子吗？无论贫富贵贱，贫穷与疾病，困难与挫折，你都会陪在她身旁爱她、保护她。”

“我愿意！”这声音，是那样清晰、那样肯定，赢得了大家的热烈掌声。

“那么，赵一荻女士，你愿意让面前的这个男人成为你的丈夫吗？无论贫穷富贵，生老病死，都会永远陪伴在他身边，不背叛、抛弃他。”

“我愿意。”赵一荻此时已满眼含泪，嘴唇颤抖。声音也许有些轻微，但依然是那样清晰、肯定。

牧师微笑着，在张学良和赵一荻身上洒下圣水和鲜花，并把祝福送给了他们：“主会保佑你们的，愿你们白头偕老，相伴终生。”

婚礼结束后，张学良和赵一荻又相互搀扶着缓步走出了教堂……

魂落神殿之谷

赵一荻对张学良的世纪真爱，堪称爱之绝唱。在他“平生无憾事，惟一爱女人”的晚年生活里，给了他不尽的温暖、幸福和力量。

在漫长的人生道路中，赵一荻陪伴着张学良，照顾着张学良，但她的身体也并不好。她曾患过红斑狼疮，有过骨折；更严重的是她还长期抽烟。

因为抽烟，赵一荻经常咳嗽，有时咳嗽起来还很厉害，但她并没有去医院治疗，直到迁居台北的北投后，才到荣民总医院去检查，但检查了几次，也没有出来什么结果。

一次，张学良到医院去看望赵一荻，在医院中遇见治病的胸腔内科大夫。

“她的情况怎么样？”

“有点问题。”

张学良有些急了：“你们为什么不进行手术！”

“在医院里，没有确诊的病人是不能进行手术的，请您理解。”

张学良通过关系，找来胸腔科的专家们前来会诊。专家说，如果在X光片子上看出来是癌症，那就太晚了，应当开胸检查。检查的结果是：毒瘤。经过会诊，决定切除她一叶右肺。虽然暂时挽救了生命，但从此她就必须经常借助呼吸的管子以辅助呼吸。

1995年，赵一荻和张学良来到夏威夷定居。只要没有特殊情况，他们每周日上午都定时到夏威夷京街第一华人基督教公聆听礼拜。

这种平静的日子，他们过得舒适，过得恬然自得。

2000年5月14日，赵一荻和张学良到教会参加庆祝母亲节的崇拜。

5月28日中午，他们在其住处大楼的宴会厅举办百年华诞祝寿活动，约有一百位来自各地的亲友来为他们贺寿，并在宴会之前开放十分钟的时间给媒体大众拍照，这是张学良和赵一荻两人最后一次联袂的公开露面。

6月7日，88岁的赵一荻下床时摔了一跤，因没有大碍，就没有去医院，几天后呼吸发生困难，被送进医院。

6月11日，赵一荻住进夏威夷檀香山的史特劳伯医院特殊病房。

张学良和赵四小姐

听到母亲病危的消息，张闾琳迅速放下手头工作，19日特地从加利福尼亚州赶到夏威夷侍奉老母亲。由于呼吸极为困难，医生只得为她插上呼吸器，以便减少她的痛苦。

6月20日，赵一荻曾一度转醒，但很快因为痛苦而在医生用药后再度睡去，并进入弥留状态。

6月22日清晨，赵一荻醒来。此时，病床周围全是前来探望的亲友。她不能讲话，只能默默地看着每一位围在床边的亲友。8点45分左右，老伴张学良坐着轮椅来到床边，张学良伸手握住夫人的手，轻轻呼喊她的名字。赵一荻听到了，但她不能说话，只能那样看着张学良，眼睛里充满眷恋和不舍。张学良也不知所措，她的“姑娘”如今这样躺在床上，他心急如焚，牢牢握住她的手。9点，医生拔掉了她的氧气管，并注射了镇静剂，赵一荻昏睡了过去，张学良依然抓着妻子的右手不放。上午11时11分，心跳停止，赵一荻离开了这个世界。此时，张学良几近呆滞，他一直握着妻子的手，别人劝说，他不听，他只想这样默默地陪她一会儿，再陪她一会儿。就这样，他又握着赵一荻的手近一个小时，在众亲友的劝说下，她才慢慢地松开。

赵一荻死后，被葬在“神殿之谷”。这是他们此前定好的墓地。

此前，张学良和赵一荻一直在筹划墓地的事情，一直没有得到很好的解决。后来，在夏威夷观光农场任职的华裔国会参议员邝友良告诉他们，邻靠日本寺院的“神殿之谷”山腰陵墓区有一块理想的墓地要出手，这原来是菲律宾前总统马科斯的遗骸安葬地。张学良和赵一荻来到了位于夏威夷和檀香山之间的神殿之谷，发现此处是神庙陵园中最为向阳的墓区，位居高坡，四周开阔，山间绿草如茵，墓前溪水潺潺，他们立刻被这块开阔的墓地吸引住了。他们很满意，想要尽快将这块墓地买到手。经过友人帮忙，1994年夏天终于完成了墓地过户的手续，从而完成了他们的一大心愿。

被葬在亲自挑选的墓地，赵一荻也算随了心愿。

在葬礼上，周联华牧师给赵一荻致悼词：

赵一荻女士当年情愿放弃人间的一切，跟随张将军软禁，有如《圣经》里童女怀孕一样，是个不可能的使命。然而她却做了，而且做得那么真诚，那么至善至美，那么让世人皆惊，那么流传青史。她这样做不为别的，纯粹是为了爱。这爱远比台湾最近流行的《人间四月天》更专、更纯、更久远！她当时真正和汉卿先生互许一个未来，共担一个未来，这个未来是暗淡的，是黑暗的，但是她无怨无悔；最后在上帝的带领下，这未来竟盼到了火奴鲁鲁（即檀香山）明亮的阳光和自由空气。

赵一荻去世后，张学良变得沉默寡言，却又时常喃喃自语：我这一生欠她太多，欠她太多……

赵一荻档案

赵一荻（1912年—2000年），又名绮霞，香笙、赵四小姐，出生于香港。赵一荻陪伴张学良72年，在台湾幽居时期，出版有《好消息》、《新生命》、《真自由》、《大使命》等，并有《毅荻见证集》（张学良号毅庵、荻是赵一荻）等著作，是中国现代史上的一位颇具神秘色彩的女性。1927年与张学良相识于天津，后历经沈阳、北平、西安事变、幽禁。经过半个世纪的苦恋，1964年7月4日，张学良与赵一荻正式结婚。1995年，赵一荻和张学良来到夏威夷定居。2000年6月22日，去世。